本书得到教育部人文社科2010年规划项目"生态文明建设视阈下公民环境教育的共生机制研究"（10YJA880149）及国家自科基金项目"地方依恋视角下国内游客亲环境行为的特征、驱动因素及影响机理研究"（41661034）的联合资助。

吴志军 李文明 著

The mutualism of citizen environmental education

国民环境教育共生机制

经济管理出版社
ECONOMY & MANAGEMENT PUBLISHING HOUSE

图书在版编目（CIP）数据

国民环境教育共生机制/吴志军，李文明著 . —北京：经济管理出版社，2015. 12
ISBN 978 – 7 – 5096 – 4186 – 6

Ⅰ. ①国… Ⅱ. ①吴… ②李… Ⅲ. ①国民教育—环境教育—研究 Ⅳ. ①G512. 3 ②X – 4

中国版本图书馆 CIP 数据核字（2015）第 312254 号

组稿编辑：王光艳
责任编辑：许　兵
责任印制：黄章平
责任校对：超　凡

出版发行：经济管理出版社
（北京市海淀区北蜂窝 8 号中雅大厦 A 座 11 层　100038）
网　　址：www. E – mp. com. cn
电　　话：（010）51915602
印　　刷：北京玺诚印务有限公司
经　　销：新华书店
开　　本：720mm × 1000mm/16
印　　张：11
字　　数：143 千字
版　　次：2017 年 6 月第 1 版　2017 年 6 月第 1 次印刷
书　　号：ISBN 978 – 7 – 5096 – 4186 – 6
定　　价：58. 00 元

· 版权所有　翻印必究 ·

凡购本社图书，如有印装错误，由本社读者服务部负责调换。
联系地址：北京阜外月坛北小街 2 号
电话：（010）68022974　邮编：100836

本书的研究得到了以下资助：

2010年度教育部人文社会科学研究一般项目"生态文明视阈下公民环境教育的共生机制研究"（批准号为10YJA880149，结题号为2014JXZ2182）

国家自然科学基金项目"地方依恋视角下的国内游客亲环境行为特征、驱动因素及影响机理研究"（批准号为41661034）

前　言

随着人们环境意识的觉醒和增强以及可持续发展战略的实施，国民环境教育应运而生并得到了迅速发展，已成为当今生态文明建设的重要方向。如何使国民环境教育真正发挥提高国民环境素质、协调生产生活与生态环境保护之间的关系、实现资源永续利用和生态可持续发展等功能——这一重要课题正日益获得环境教育学术界的关注。而厘清国民环境教育本身的科学问题，尤其是机制共生度评价的科学问题是求解上述热点问题的关键。目前，学术界涉及这方面的研究较少，已有的研究也大多集中在对国民环境教育的地位与功能、内容与目标等的阐述上，对国民环境教育机制共生度评价的系统研究还非常薄弱。

基于此，本书在2010年度教育部人文社会科学研究一般项目"生态文明视阈下国民环境教育的共生机制研究"及国家自然科学基金项目"地方依恋视角下的国内游客亲环境行为特征、驱动因素及影响机理研究"的联合资助下，在对国内外国民环境教育相关实践及研究成果进行全面回顾的基础上，全面构建了国民环境教育机制共生度评价的研究框架，建立了由14个准则、26个领域、38个4级指标所组成的评价指标体系，其中准则层的14个指标分别为国民环境教育制度调控约束子机制，规划（计划）子机制，主体的联动和参与子机制，客体的联动和交流子机制，媒体的综合利用子机制，资源的综合发掘子机制，内容与目标设计的协调子机制，时空联动子机制，环境行为的引导、监控和奖惩子机制，组织保障子机制，经费保障子机制，科研保障子机制，人力资源保障子机制，对外合作交流子机制。并运用此指标体系中的"主体共生""客体共生""媒体共生""内容与目标共生""教育与行为引导共生""资源共生"对实证区基于受众感知的国民环境教育机制共生度进行了量化评价，同时对当前国内国民环境教育机制共生机制建设方面的问题进行了诊断，并针对我国国民环境教育机制共生度的提升提出了相应的对策建议。

本书主要特色体现在以下四个方面：

第一，前沿性。长期以来制约国内外国民环境教育效果提升的根本原因为教育共生机制的缺失或机制共生度低下，从教育学、生态学、社会学等多学科来探讨国民环境教育的机制共生问题是国内外环境教育研究领域的一个新的方向和前沿。

第二，创新性。一是研究内容创新，即创新性地提出了一个系统、科学的国民环境教育机制共生度评价指标体系；二是研究视野创新，即基于受众感知的视角来对国民环境教育机制共生度进行评价。

第三，学术价值。本书是对国民环境教育机制共生度评价问题进行系统研究的一次开拓性探索，研究成果中建立的国民环境教育机制共生度评价指标体系可丰富国内外环境教育学术界的理论体系，实证研究的结果可为学术界的相关研究提供一定的本底数据。

第四，应用价值。可为国内外各级相关组织进行国民环境教育机制共生度评价工作提供一定的理论指导和方法参考。

本书是对国民环境教育机制共生评价问题进行系统研究的一次尝试，研究成果对今后学术界深入进行相关研究和实业界相关实践的开展均具有一定的参考价值和借鉴意义。然而，由于水平有限，错误、纰漏之处在所难免，真诚地希望各位专家、学者批评指正。

目　　录

第一章　引言 …………………………………………………… 1

　　第一节　研究背景 ………………………………………… 1
　　第二节　研究意义 ………………………………………… 2

第二章　相关实践与研究进展及研究设计 …………………… 4

　　第一节　相关实践与研究进展 …………………………… 4
　　　　一、相关实践进展 ……………………………………… 4
　　　　二、相关研究进展 ……………………………………… 8
　　　　三、小结 ………………………………………………… 10
　　第二节　研究设计 ………………………………………… 10
　　　　一、研究方法 …………………………………………… 10
　　　　二、技术路径 …………………………………………… 14

第三章　相关概念界定与理论基础 …………………………… 15

　　第一节　相关概念界定 …………………………………… 15
　　　　一、生态文明 …………………………………………… 15
　　　　二、国民环境教育 ……………………………………… 16

三、共生 …………………………………………………………… 16
四、机制 …………………………………………………………… 17
五、国民环境教育共生机制 ……………………………………… 18
六、国民环境教育机制共生度评价 ……………………………… 18

第二节 国民环境教育共生机制构建的理论基础 ………………… 19
一、生态学 ………………………………………………………… 19
二、教育学 ………………………………………………………… 20
三、社会学 ………………………………………………………… 21
四、伦理学 ………………………………………………………… 25
五、传播学 ………………………………………………………… 27
六、管理学 ………………………………………………………… 29

第四章 国民环境教育共生机制的系统构成 …………………………… 31

第一节 主体 …………………………………………………………… 31
一、教师及研究人员 ……………………………………………… 32
二、学校管理服务人员 …………………………………………… 32
三、政府相关主管部门 …………………………………………… 33
四、旅游地（景区） ……………………………………………… 34
五、导游员 ………………………………………………………… 35
六、环保组织 ……………………………………………………… 36
七、社区居民 ……………………………………………………… 36
八、其他主体 ……………………………………………………… 37

第二节 客体 …………………………………………………………… 38
一、学生 …………………………………………………………… 38
二、教师和其他教工 ……………………………………………… 39
三、社区居民 ……………………………………………………… 39
四、游客 …………………………………………………………… 40

         第三节　媒体 ………………………………………………… 41

         第四节　内容与目标 …………………………………………… 42

             一、知识 …………………………………………………… 43

             二、技能 …………………………………………………… 46

             三、意识 …………………………………………………… 52

             四、伦理 …………………………………………………… 55

             五、行为 …………………………………………………… 60

             六、评价与建议 …………………………………………… 62

             七、意愿 …………………………………………………… 65

         第五节　资源 …………………………………………………… 66

             一、国民环境教育资源等相关概念的定义与内涵 ……… 67

             二、教育资源、国民环境教育资源二者的关系 ………… 67

             三、国民环境教育资源的分类 …………………………… 68

第五章　国民环境教育共生机制的子机制及共生种类 …………… 71

         第一节　国民环境教育机制中的子机制 …………………… 71

             一、构成 …………………………………………………… 71

             二、主要子机制的内涵 …………………………………… 72

         第二节　国民环境教育机制共生的种类 …………………… 75

             一、机制要素内部共生 …………………………………… 76

             二、要素之间的共生 ……………………………………… 76

第六章　国民环境教育机制共生度评价的理论探讨 ……………… 78

         第一节　指标体系构建的一般要求 ………………………… 78

         第二节　指标选取的方法 …………………………………… 79

         第三节　指标构建的路径及流程 …………………………… 80

             一、路径 …………………………………………………… 80

二、流程 ·· 80
三、指标体系合理性检验 ·· 86

第七章 基于受众感知的国民环境教育机制共生度实证评价 ········ 93

第一节 评价指标体系的构成 ··· 93
一、权重计算方法的选择 ·· 94
二、指标权重的计算 ·· 94
三、指标及权重的最后确定 ······································· 95

第二节 研究区选择 ··· 96
一、调查方案的设计 ·· 97
二、调查的实施 ·· 100

第三节 研究结果 ··· 101
一、样本描述性统计 ·· 101
二、样本组总体得分与等级 ······································· 101
三、样本组各指标得分 ··· 104
四、样本对国民环境教育的满意度分析 ······················· 106

第四节 样本对环境教育机制共生度感知结果的影响
因素分析 ·· 107
一、地域因素 ··· 108
二、性别因素 ··· 109
三、年龄因素 ··· 109
四、婚姻状况因素 ··· 111
五、教育程度因素 ··· 112
六、职业因素 ··· 113
七、收入因素 ··· 114

第八章 国民环境教育共生机制构建方面存在的问题及对策建议 …… 115

第一节 问题及成因分析 …… 115

一、相关政策法规调控约束不力 …… 116

二、经费来源无可靠保障 …… 116

三、缺乏对国民环境教育对象、内容、形式的系统规划 …… 117

四、缺乏对相关主体环境行为的有效引导、监控和干预 …… 117

五、缺乏多元教育主体的联动和广泛的社会参与 …… 118

六、相关学术研究严重匮乏 …… 118

第二节 对策建议 …… 119

一、建立和完善政策法规调控约束子机制 …… 120

二、建立多元化的经费保障子机制 …… 120

三、建立对国民环境教育客体、内容和形式的系统规划子机制 …… 121

四、建立环境行为的引导、监控和奖惩子机制 …… 121

五、建立多元化环境教育主体的联动和广泛的社会参与子机制 …… 122

六、建立国民环境教育的科研保障子机制 …… 123

七、建立国民环境教育的人力资源保障子机制 …… 123

第九章 结论与讨论 …… 125

第一节 结论 …… 125

第二节 讨论 …… 126

附 录

附录1 国民环境教育机制建设共生指数评价指标专家
调查表（第一轮） …………………………………… 128

附录2 国民环境教育机制建设共生指数评价指标专家
调查表（第二轮） …………………………………… 131

附录3 国民环境教育机制建设共生指数评价指标专家
调查表（第三轮） …………………………………… 137

附录4 国民环境教育机制建设共生指数评价指标专家
调查表（第四轮） …………………………………… 140

附录5 国民环境教育机制建设共生指数评价指标专家
调查表（第五轮） …………………………………… 143

附录6 国民环境教育感知调查问卷之"G1法指标权重
计算的专家问卷" ……………………………………… 145

附录7 国民环境教育感知调查问卷（校园学生类） ……… 148

附录8 国民环境教育感知调查问卷（公共休闲场所类） … 151

参考文献 …………………………………………………… 155

后 记 ……………………………………………………… 161

第一章 引 言

第一节 研究背景

党的十七大报告中提出了建设生态文明的战略构想。显然,生态文明建设必须有坚实的生态文化支撑,而国民环境教育又与生态文化的传播和培植有着一种天然的耦合关系。因而,在国民环境教育与生态文明的辩证关系中,前者是手段,后者是目的,前者通过特定的国民教育形态达成对后者的终极诉求。

自20世纪80年代初以来,由于政府的大力提倡,环境教育受到了普遍的重视,在各类国民中广泛开展,得到蓬勃发展,也取得了一定的成绩,但效果并不十分明显,不少大学生普遍缺乏环境意识、环境价值观和环境行为自律能力,出现了诸多的问题环境行为,如在校园内外虐待动物、攀折花木、践踏草地、乱扔垃圾、到处涂鸦、制造噪声妨碍他人学习与休息等,清华大学学生刘××伤熊事件就是最好的证明。究其原委，国内多年来一直没有形成一整套科学合理、运行有效的国民环境教育共生机制是其最重要的原因之一。随着全球资源、环境和生态问题的不断加剧，我国先后提出了践行科学发展观、建设和谐社会、推进生态文明建设、建设资源节约型和环境友好型社会等一系列战略举措，这客观上要求全社会进一步加强对国民的环境教育，因此破解制约国民环境教育效果提升的机制问题显得越来越必要和紧迫。

然而，国民环境教育范围甚广，包含学校环境教育、社会环境教育（包括家庭环境教育、单位部门环境教育、行业环境教育、非正式组织环境教育）等诸多形式；同时环境教育的体系里又包含教育主体、教育客体、教育媒体、教育内容和目标、教育资源等诸多要素。各种形式的国民环境教育要素之间如不能形成有效的相互促进、相得益彰的共生机制，就无法发挥整体效应，无法满足生态文明建设对国民环境教育在培植生态文化，造就"绿色"国民和"绿色"决策者、生产者、消费者，促进国民经济"又快又好"发展的历史责任。

第二节　研究意义

显然，对国民环境教育共生机制构建问题进行系统研究显得既重要又迫切。因此，本书系统研究国民环境教育共生的机制问题，探究一套与国内自然生态和人文生态相适应的、具有鲜明中国特色的国民环境教育机制共生度评价指标体系，包括分析理论基础，挖掘区域内生态文化内涵，评价机制共生度，进行问题诊断，提出机制再造策略等，以期为国内以环境知识、环境伦理、生态道德、环境保护技能、环境行为付出等为主要内容的、系统高效的国民环境教育共生机制的构建提供理论指导和决策参考，从而使国民环境教育机制建设的共生度及国民环境教育效果获得质的提高，并直接或间接地贡献于我国生态文明建设，因而具有重大而迫切的现实意义。

此外，自国民环境教育实践在世界各国广泛开展以来，相关研究也如火如荼地展开，涌现出了大量的有价值的研究成果。然而，美中不足的是，尽管学者们对国民环境教育问题投入了极大的关注，但从国内外的文献检索情况来看，学者们对国民环境教育的重要性、内容、方法等关注较多，对国民环境教育的机制问题鲜有探讨；而且，零散性或专题性的研究居多，而系统的或综合性的研究极少。理论研究的失衡必然影响到对实践指导作用的全面性，国民环境教育机制建设多年来未获得实质性的突破可能与此有高度的关联。针对上述问题和不足，本书以国民环境教育的共生机制构建为理论要义和核心内容，同时选择江西省境内的学校、公共休闲场所、公共交通候车场所三个具有一定代表意义的场所为研究地进行实证研究，尝试对国民环境教育机制共生度评价的科学系统进行整体的构建，进行实证评价，提出一定的模式和策略，以期为国内国民环境教育机制共生度评价的研究提供一定的本底数据，并拓宽国民环境教育研究的领域，同时丰富和完善国民环境教育的理论内涵和理论体系——这便是本书的理论意义所在。

第二章
相关实践与研究进展及研究设计

第一节 相关实践与研究进展

一、相关实践进展

1. 国外相关实践进展

真正现代意义上的"环境教育"还是缘起和发展于 20 世纪 60 年代西方发达国家的"生态复兴运动"。具体来说,是分别兴起并嬗变于两次世界性的环境保护运动:第一次是 1962 年,美国海洋生物学家雷切尔·卡逊(Rachel Carson)女士正式发表《寂静的春天》一书,标志着第一次环境保护运动的兴起,此后,一些西方发达国家根据自己的实际情况,相继发起了与环境保护运动相关的环境教育运动,开始实施环境教育(艾沃·F. 古德森,2001)。而伴随着第二次环境保护运动的兴起，使国际环境教育界对传统意义上"环境教育"的目标、性质、任务、内容等问题进行了新的整合性思考：环境教育必须思考与环境问题密切相关的人口、资源、经济、社会等诸多要素，必须面向可持续发展（李久生，2004）①。在此后的1994年至今，国际性的或区域性的环境教育组织相继开展了一些专项环境教育行动，如欧洲环境教育基金会（FEEE）所提出并推行的一项区域性计划——"生态学校（或绿色学校）计划"。旨在将环境教育与整个学校的管理和教育教学活动结合起来，鼓励学校"为了环境"的一体化教育行动，该计划在全球已经产生广泛影响。现在"生态学校"或"绿色学校"（Eco-schools, Greening Schools）在欧洲各国蓬勃开展，被认为是"国际环境教育的新趋势和新环境教育模式的一部分"（Kathleen Kezzey Laine，1997）和"环境教育思想的新发展"（赵中建，1999）。欧洲的"生态学校计划"已被世界上许多国家或地区所接受，成为实施可持续发展教育的有效模式（祝怀新，2002）。

由世界资源研究所发起，美国、加拿大等国家著名大学商学院参与并得到众多跨国公司支持的国际环境教育项目——贝迩项目（经济、环境、学习和领导力，BELL：Business, Environment, Learning and Leadership）于20世纪90年代初在北美和拉丁美洲实施并已得到很好推广，自2000年起在亚洲地区实施。贝迩项目旨在将环境和可持续发展的内容纳入工商管理学院的课程设计，并体现在教学大纲和教材内容中，通过举办师资培训、编写教材及案例，提供最新资料和信息，帮助学校获取与课程发展和研究有关的产业实践和技能的变化，以及在政府、学术机构、商学院和企业之间开展经常性交流等方式，建立起联系紧密的工作网络，共同推进环境教育在更高领域的发展，使今天的工商管理学院学生——未来的管理者在今后的决策中成为环境友

---

① 李久生. 环境教育的理论体系与实施案例研究. 南京：南京师范大学博士论文，2004：5.

好的伙伴。

国外的国民环境教育与中小学环境教育一样，经过了40多年的发展历程，从萌芽走向成熟，由环境教育走向可持续发展教育，从面上的普及型环境教育走向点上的专项计划型环境教育。其间，包含着相关组织对国民环境教育机制的直接或间接的探索，如联合国教科文组织"生物圈会议"的教育计划实际上强调了国民专业环境教育与非专业环境教育的联动机制，由环境教育走向可持续发展教育实际上是在探索环境教育与环境问题解决的联动机制，而专项计划型环境教育活动的开展则是针对环境教育面上活动和点上活动联动机制的探索。国外这些有关环境教育机制的探索实践对本书探索国内国民环境教育机制建设问题具有很强的启示意义。

2. 国内相关实践进展

国内的国民环境教育起步较国外晚，但通过借鉴、模仿国外国民环境教育的内容和方法，其发展的速度相对较快（李久生，2004）。由起步阶段的"试点"发展到在全国范围内的"推广"。进入20世纪80年代以后，我国的经济社会发展和工业化进程不断加快，同时环境污染、生态破坏、资源大量消耗等问题也逐渐暴露出来，政府对环境保护工作也日益重视。在1983年召开的第二次全国环境保护工作会议上，"环境保护"被列为我国的一项基本国策（国家环境保护局，1991），为落实联合国环境与发展大会的《21世纪议程》，中国政府于1994年颁布了世界上第一部国家级的"21世纪议程"，即《中国21世纪议程——中国21世纪人口、环境与发展白皮书》，强调指出："通过广泛的宣传、教育，提高全民族，特别是各级领导人员的可持续发展意识和实施能力，促进广大民众积极参与可持续发展的建设。"1995年，我国发布《中国环境保护21世纪议程》再次强调保护环境是一项基本国策，加强环境教育是贯彻基本国策的基础工程。环境保护，教育为本。在环境教育里,"各学科渗透环境教育"应该是一个最基本的途径,强调了体现尊重自然、尊重多元文化等可持续发展的思想和理念,通过讲授式教学、小组讨论方式、角色扮演方式、辩论方式、参观方式、项目设计等方式,将环境教育的理念与方法渗透、融入正规教育,使学科课程"生态化"(陆静,2006)。

为了全面推动环境教育的开展,1996年中央宣传部、原国家教委、原国家环保局联合颁布了《全国环境宣传教育行动纲要(1996～2010年)》(以下简称《纲要》)。《纲要》确定了具有中国特色的环境教育体系(祝怀新,2002)。1998年,在国家教育部、国家环保总局和世界自然基金会的资助下,清华大学率先提出创建"绿色大学"的构想,并正式启动"绿色大学"的创建活动。由世界自然基金会资助,"第一届全国大学绿色教育研讨会"在哈尔滨工业大学召开。与会代表对大学绿色教育、创建"绿色大学"等问题进行了广泛的讨论和交流,并形成了以下共识:"绿色教育是长期而又艰巨的工作,组织者不应只是学者,而应该是社会活动家""绿色教育的教学内容包括观念、知识、规范三个层次,教学过程中体现行动、哲学及思维方式的变革"等(祝怀新,2002)。

纵观国内近30年来的国民环境教育实践,国内在国民环境教育机制建设方面也进行了一些有益的探索,如在教育主体的联动机制上,国内的国民与国家行政主管部门和国家组织等进行合作推出或启动一些国际性的环境教育项目,如由国家环保总局主办,世界资源研究所、世界银行学院、香港理工大学以及地球之友协办的"贝迩工商管理与环境教育国际研讨会"及配套的贝迩项目;再如,国内大学与国际组织合作成立全国性或区域性的环境教育机构,如1997年,由世界自然基金会(WWF)支持,我国第一个高等环境教育机构——北京师范大学环境教育中心正式成立。此后,华东师范大学、西南师范大学、南京师范大学等12个环境教育中心也相继成立,负责指导、协调全国性或区域性环境教育项目。在环境教育的内容与目标的联动机制上，将"环境问题"的揭示与"社会责任感和解决实际问题的能力"以及"环境素养"等的培养进行有机结合等。国内国民环境教育的上述探索为本书提供了富有参考价值和启示意义的研究素材。

二、相关研究进展

自环境教育实践在全球兴起以来，学者们对环境教育的理论研究投入了极大的热情，涌现出了大量的研究成果。然而比较而言，学者们对环境教育的定义、内涵、意义、内容、目标、方法等研究较多，但对环境教育的机制建设问题鲜有研究，而对国民环境教育的机制进行专门研究的成果更是少之又少。不过，某些学者对中小学环境教育的机制建设问题略有涉猎，而个别学者对社会环境教育（非学校环境教育类的公众环境教育如国民环境教育等）或全民思想道德教育的机制建设问题进行过专题研究。

最后通过 EBSCO 公司 ASP + BSP 数据库和 Springer 数据库对国外的相关英文文献以及对通过中国知网（CNKI）对国内相关中文文献的检索，截至 2013 年 11 月 30 日 21 时 54 分，国外并未发现对国民环境教育机制建设进行专门研究的报道。

国内同样的专门研究的文献也只有 3 篇，一篇是孙玉杰（1999）发表在《学习论坛》的《营造大环境，开拓全民思想道德教育机制新思路》，另一篇是李文明等发表在《中南林业科技大学学报》（社会科学版）2010 年第 4 卷第 1 期的《国内国民环境教育机制再造初步研究——基于生态文明建设的背景》，最后一篇是吴志军等发表在《江西科技师范大学学报》2012 年第 4 期的论文《国民环境教育机制再造初步研究——基于生态文明建设的视阈》。前者强调，重视营造思想道德教育的社会化大环境，形成大环境与小环境共同促进的机制；营造开放式、制度化、公开化、多样化的大环境，建立社会化思想道德教育机制；营造大环境，思想道德教育机制要融合于党和国家的中心工作中等是开拓全民思想道德教育机制的新思路。后二者提出国民环境教育要不辱使命，就必须在如下子机制建议方面完成机制的系统再造，实现质的飞跃：政策法规调控约束机制、经费保障机制、环境教育内容和形式的系统规划机制、国民环境行为的监控和奖惩机制、环境教育主体的联动参与机制、国民环境教育的科研保障机制。

国内相关的研究文献也有近10篇，这些研究主要探讨学校环境教育机制建设方面的某个或某些问题。从时间序列来看，分别有江苏省启东市汇龙中学发表在《环境教育》2000年第1期的《构建环境教育可持续发展机制积极创建绿色学校》，该文章提出建立和健全全面高效的环境教育组织体系以构建环境教育可持续发展机制，建立和健全环境教育理论和实践体系以构建环境教育创新机制，提高校园文化建设中的"绿色"品位以强化环境的潜在育人功能；曹俊达、宋亚昌发表在《环境导报》2003年第14期的《努力构建学校环境教育可持续发展机制》，文章指出，可从构建环境教育人文机制、创新机制、研究体制三个方面来构建学校环境教育可持续发展机制；邱占勇发表在《黑龙江高教研究》2004年第4期的《试论大学生生态环境道德教育机制的构建》，文章强调应从生态环境道德信念的确立、生态环境道德信念的养成、生态环境道德情感的培养、生态环境道德原则的确立和建立生态环境道德的科技伦理规范五方面来构建大学生生态环境道德教育的机制；张建春发表在《环境教育》2006年第6期的《中学环境教育可持续发展机制浅析——以江苏省启东市汇龙中学为例》，文章以江苏省启东市汇龙中学为例，从逐步完善的环境教育组织体制和初步健全的环境教育持续发展机制来论述中学环境教育可持续发展机制；将军发表在《环境教育》2006年第8期的《构建学校环境教育可持续发展机制》，文章认为构建学校环境教育可持续发展机制包括健全环境教育的组织体系、构建环境教育可持续发展机制、坚持实践教育以创新环境教育活动机制、通过课题研究拉动以健全校本课程设置、树立绿色管理理念以实施可持续发展教育以及努力造就成功六个环节。

三、小结

显然，国内对国民环境教育的共生机制的系统研究还非常欠缺。不过，已有的研究成果既有直接定向于国民环境教育机制建设的某些内容的专门研究，又有直接定向于中小学环境教育的可持续发展机制建设的研究，还有定向于社会环境教育机制建设的研究。这些研究虽然没有针对国民环境教育机制建设的系统研究，即研究的内容比较零散，但研究内容的覆盖面却较宽泛。概括而言，这些研究成果的研究内容既有环境教育的主体互动机制、主客体互动机制方面的内容，又有理念、意识、内容、目标等要素的互动机制，可以说涵盖了国民环境教育机制建设的大部分核心内容，因而对本书研究思路的提炼和技术路径的设计具有较强的参考意义。

第二节 研究设计

一、研究方法

1. 文献研究法

主要利用 EBSCO 公司 ASP + BSP 数据库和 Springer 数据检索英文

资料，用中国知网（CNKI）检索中文资料，以期了解和掌握国内外与国民环境教育机制建设相关的研究进展（包括中小学环境教育机制建设、社会环境教育机制建设等方面的研究），同时在确定国民环境教育机制建设共生指数评价体系时通过内容分析（Content Analysis，CA），了解研究者对指标设立的倾向性，从而为指标的确立提供一定的理论支持或经验支撑。

2. 观察法

观察法是指研究者根据一定的研究目的、研究提纲或观察表，用自己的感官和辅助工具去直接观察被研究对象，从而获得资料的一种方法。科学的观察具有目的性和计划性、系统性和可重复性。常见的观察方法有：核对清单法、级别量表法、记叙性描述。观察一般利用眼睛、耳朵等感觉器官去感知观察对象。由于人的感觉器官具有一定的局限性，观察者往往要借助各种现代化的仪器和手段，如照相机、录音机、显微录像机等来辅助观察[①]。本书利用观察法主要对研究区内的环境教育设施及其使用情况、教师等环境教育主体的环境教育实施情况以及大学生等群体的环境行为进行现场观察和记录，尤其是对大学生的环境学习行为、低环境影响行为及垃圾处理行为进行重点观察和记录，以了解校园环境教育干预对大学生相关行为变化的影响。

3. 深度访谈法

深度访谈法又名深层访谈法。深层访谈法是一种无结构的、直接的、个人的访问，在访问过程中，一个掌握高级技巧的调查员深入地访谈一个被调查者，以揭示对某一问题的潜在动机、信念、态

---

① http://baike.haosou.com/doc/5380497 - 5616767.html.

度和感情①。本书利用深度访谈法主要对研究区国民的相关主管领导、教师、日常管理人员、服务人员及周边居民等进行面对面的直接访谈,以了解他们对环境教育的感知、看法、意识、意愿、意见和建议等信息。

4. 问卷调查法

问卷调查法也称"书面调查法",或称"填表法"。用书面形式间接搜集研究材料的一种调查手段。通过向调查者发出简明扼要的征询单(表),请示填写对有关问题的意见和建议来间接获得材料和信息的一种方法②。本书利用问卷调查法主要就大学生的环境教育需求,对环境的认知、态度,对环境解说设施的感知度,对环境教育体验的满意度以及对国民环境教育机制建设共生指数评价体系中的各指标选项进行书面调查,问卷调查的问题量控制在 8~10 分钟内能填写完毕,并当场收回。

5. 数理统计法

数理统计法是数学的一门分支学科。它以概率论为基础运用统计学的方法对数据进行分析、研究,导出其概念规律性(即统计规律)。它主要研究随机现象中局部(字样)与整体(母体)之间以及各有关因素之间相互联系的规律性。它主要是利用样本的平均数、标准差、标准误、变异系数率、均方、检验推断、相关、回归、聚类分析、判别分析、主成分分析、正交试验、模糊数学和灰色系统理论等有关统计量的计算来对实验所取得的数据和测量、调查所获得的数据进行有关分析研究得到所需结果的一种科学方法。它要求

---

① http://baike.haosou.com/doc/713553-755339.html.
② http://baike.haosou.com/doc/1963748-2078150.html.

具有随机性,而且数据必须真实可靠,这是进行定量分析的基础。这种方法不借助计算机来进行,亦能达到快速、准确和实施大量计算的目的①。本书利用数理统计法主要对问卷调查的原始数据进行统计分析,包括定量描述、相关性分析、回归分析、聚类分析等分析,以直观地反映调查选项的数量特征或趋势,重点分析造成不同国民环境教育机制建设差异产生的主要原因,从而验证研究假设,提炼出较为客观的研究结论,并就优化环境教育机制建设效果提出有价值的对策措施。

6. 层次分析法及德尔菲法

层次分析法(Analytic Hierarchy Process,AHP)是将与决策有关的元素分解成目标、准则、方案等层次,在此基础之上进行定性和定量分析的决策方法。该方法是美国运筹学家匹茨堡大学教授萨蒂于20世纪70年代初,在为美国国防部研究"根据各个工业部门对国家福利的贡献大小而进行电力分配"课题时,应用网络系统理论和多目标综合评价方法,提出的一种层次权重决策分析方法②。德尔菲法,是采用背对背的通信方式征询专家小组成员的预测意见,经过几轮征询,使专家小组的预测意见趋于集中,最后做出符合市场未来发展趋势的预测结论。德尔菲法又名专家意见法或专家函询调查法,是依据系统的程序,采用匿名发表意见的方式,即团队成员之间不得互相讨论,不发生横向联系,只能与调查人员发生关系,以反复地填写问卷,以集结问卷填写人的共识及搜集各方意见,可用来构造团队沟通流程,应对复杂任务难题的管理技术③。本书综合利用层次分析法和德尔菲法主要用于对国民环境教育机制建设共生指数评价体系的指标构成、层次

---

① http://baike.haosou.com/doc/6160188-6373407.html.
② http://baike.haosou.com/doc/5386070-5622520.html.
③ http://baike.haosou.com/doc/5395050-5632202.html.

构架、指标权重的确定。邀请一定数量的相关领域（如环境教育领域和生态学领域等）的专家对同一层次的指标进行赋值，然后进行重要性比较或直接进行指标两两重要性比较，再通过一定的数学方法（如特征向量计算等）来确定指标的权重。

二、技术路径

研究的技术路径参见图 2-1。

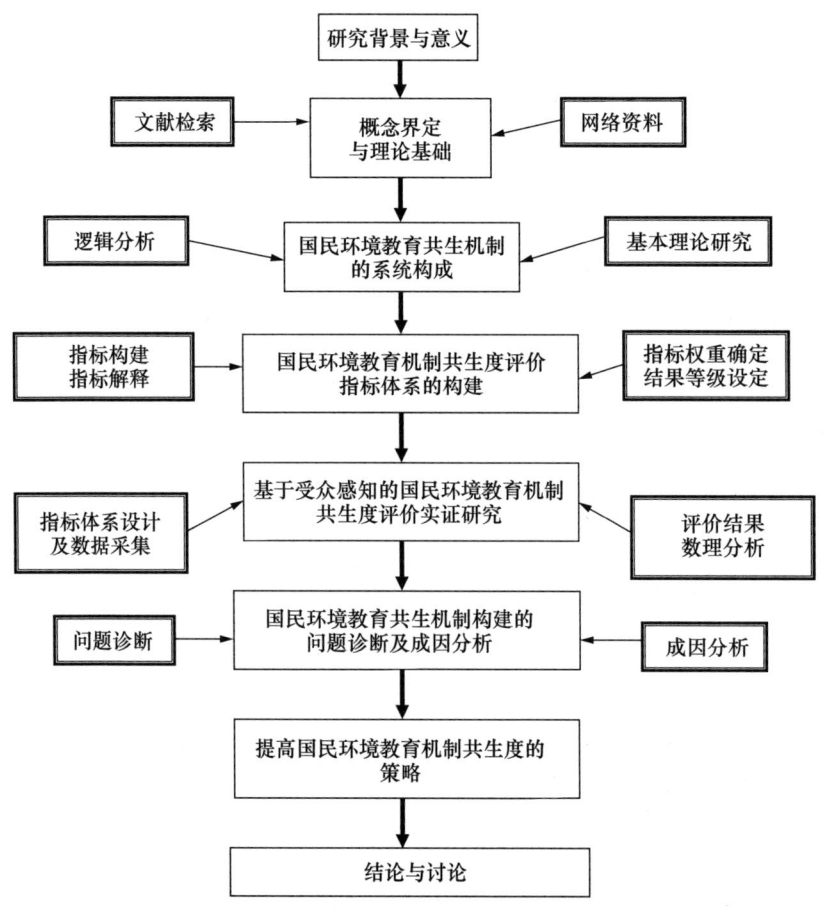

图 2-1　研究技术路径

第三章
相关概念界定与理论基础

第一节 相关概念界定

一、生态文明

生态文明是人类遵循人、自然、社会和谐发展这一客观规律而取得的物质与精神成果的总和;是指人与自然、人与人、人与社会和谐共生、良性循环、全面发展、持续繁荣为基本宗旨的文化伦理形态(潘岳,2006)[①]。生态文明是继农业文明、工业文明之后所发展起来的较高层次的文明形态。是在生态学、环境科学及生态伦理学的基本原理所指导下的更高级别的物质文明和精神文明的总和,具体到本书,它是国民环境教育的目标和终极诉求。

---

① 潘岳. 论社会主义生态文明. 中国经济时报,2006 – 9 – 28 (005).

二、国民环境教育

本书所指的国民环境教育既包括各级各类学校环境教育，又包括学校以外的社会环境教育，如家庭环境教育、社区环境教育、社会组织环境教育等。

国民环境教育及其相关概念界定一般有两个角度：一是从教育主体出发，其范式为环境教育是教育；二是从教育客体的视角出发，因为教与学是一对共生共存的矛盾统一体，不称环境教育，但称环境学习，其范式为环境教育是从事学习的过程或活动。本书选择第一种视角，即从教育主体的视角出发来对环境教育的概念进行界定。

本书认为国民环境教育应以环境知识、环境问题知识、环境伦理知识、环境法律知识、环境保护知识和技能为必备内容，以环境意识的养成和环境伦理观念的建立为最高目标，以环境品质或环境事件（问题）评价和对环境管理优化的建议、环境保护技能等为一般性心智运算技能目标，以环境保护行为的付出为外在行为目标。

根据上述原则，本书对环境教育作出如下定义：国民环境教育是一种向国民传播环境知识和环境保护技能，使受教育者增强环境意识，树立环境伦理观念和环境法制观念，提高环境保护的自觉性的教育活动。

三、共生

共生原来是用于描述某些物种如藻类和真菌共同生活并紧密结合的这类种间关系。目前，这个术语已扩大到对双方有利或对其中一方最低限度无害的种间关系上，而不管结合形式及参加的种究竟属于哪种范畴。共生可分为两种类型：互利共生和偏利共生。其中，互利共生又可分为两个亚型：连体互利共生和非连体互利共生。① 具体到国民环境教育，共生有关非常丰富的内涵，主体之间的共生、客体之间的共生、媒体之间的共生、内容及目标之间的共生，主体与客体的共生、主体与媒体的共生、主体与内容及目标之间的共生，客体与媒体之间的共生、客体与内容及目标之间的共生，媒体与内容及目标的共生。各个共生要素实际上组成了纵横交错的共生网络。最终目的是产生"1+1＞2"的效应。以主体之间的共生为例，国民环境教育的主体，如学生的班主任、任课教师、家长、同学等，如在从事环境教育的过程中，所主张的环境伦理得到支撑或互相弥补，教育效果上就会相互加强，产生"1+1＞2"的效应，这就是互利共生；反过来，如在从事环境教育的过程中，所主张的伦理产生分歧或矛盾，教育效果上相互削弱，产生"1+1＜2"的效应，这就是偏利共生或逆共生。

四、机制

"机制"（Mechanism）一词，原指机器的构造及其机动原理和运行规则，可借指一种生物有机体的构造、功能及其相互关系。在社会领域，机制泛指一个工作系统的内在体系、运作原理以及调控规律和方式（杨荣斌，2006）②。具体到国民环境教育这一特定的社会领域，国民环境教育机制泛指国民环境教育工作系统的内在体系、运作原理以及调控规律和方式，包括国民环境教育的主体、客体、媒体、内容及目标等要素构成的内在体系，要素内部及要素之间的协同方式、原则和路径以及反馈和管控的方式和状态的动态调控。内在机制的形成和完善可确保国民环境教育系统运行的稳定和高效，反之则导致国民

---

① 李景文. 森林生态学（第二版）. 北京：中国林业出版社，2005：192.
② 杨荣斌. 区域旅游合作机制理论与案例探析. 上海：上海师范大学出版社，2006：24.

环境教育系统运行的变异和低效。

五、国民环境教育共生机制

根据上述"共生"及"机制"的定义来推定,国民环境教育共生机制,泛指国民环境教育工作系统基于互利共生的内在体系、运作原理以及调控规律和方式。包括由国民环境教育的主体、客体、媒体、利益相关者以及内外部环境所组成的教育体系以及环境教育目标的设定、内容的选择、活动的组织、行为的监控和激励等为实现互利共生而采用的运作体系和调控方式。国民环境教育作为一个具有助推生态文明建设功能的复杂机制系统实际上是由各个子机制要素(教育要素)基于一定的调控规律和方式而相互作用、相互联系所形成的工作系统,即一个完善的国民环境教育促进和保障机制。在大的机制上又包含若干子机制如相关政策法规制度调控约束子机制,经费保障子机制,国民环境教育系统规划子机制,环境行为的引导、监控和干预子机制,教育主体的联动和社会参与子机制,主体的环境学习体验的系统建构子机制,相关学术研究保障子机制,人力资源保障子机制等。

六、国民环境教育机制共生度评价

国民环境教育机制共生度评价即对国民环境教育机制系统内的主体、客体、媒体、利益相关者、内容与目标、教育干预与行为监控等要素内部及要素之间的共生程度所进行的评价。评价的基础在于建立系统的评价指标体系,并设计好相关指标的测量方法,最后进行定性与定量相结合的科学性较强的评价系统。

第二节 国民环境教育共生机制构建的理论基础

根据与国民环境教育共生机制构建的关联性强弱，本书认为国民环境教育共生机制构建的理论基础主要有生态学、教育学、社会学、伦理学、传播学和管理学，这些基本学科的相关理论可以提供基础性的理论指导，方法上的借鉴或思路上的借鉴。现分别论述如下：

一、生态学

生态学（Ecology）是研究有机体与其周围环境相互关系的科学（孙儒泳等，2002）①。生态学有两个重要的分支：教育生态学（梁保国、乐禄祉，1997）和景观生态学（肖笃宁等，2003）。其中，在国民环境教育系统中，物质和非物质体系所组成的自然和人文复合生态系统在系统内部之间以及系统内部与系统外部之间均存在着一系列的物质、能量和信息的交流过程。生态学的思想为国民环境教育提供了深厚的发展基础。只有当环境教育在运作过程中注意利用生态原理设计良性的运作系统，合理配置资源，才有可能保证整个教育活动和谐发展，从而进入一个良性的运作过程。而景观生态学（Landscape Ecology）是研究景观空间结构与形态特征对生物活动与人类活动影响的科学（肖笃宁等，2003）②。景观的结构及其相应的功能理论可以对国民环境教育的功能分区、结构规划、休闲设施设计等提供理论支持；

---

① 孙儒泳等. 基础生态学. 北京：高等教育出版社，2002：6.
② 肖笃宁等. 景观生态学. 北京：科学出版社，2003：4.

生态整体性与空间异质性及景观多样性与稳定性理论对塑造和控制原有校园景观的美学特征及休闲设施的视觉美学设计提供理论支持。

生态学原理尤其是教育生态学及景观生态学的理论对于国民环境教育的启示意义如下：

第一，在国民环境教育领域，生态学作为环境教育的理论基础主要体现在环境教育的发展目标中，将"生态学基础层次"设定为第一目标层次，生态学的基本原理和基础知识被视为实施环境教育基本目标和基础内容（祝怀新，2002）[①]。环境教育内容的科学性和规范性必须要以生态学的基本原理和动态的研究成果为依据。

第二，国民环境教育的设施建设及解说牌示的设计、安置要达到景观化要求，与周围环境相协调，交通工具和音像设备的使用要考虑环境保护的要求，国民的游憩活动要达到对环境冲击最小化，通过上述措施来尽量减少日常活动对周围动植物及其生境的影响。

第三，要介绍受教育者所在区域所面临的生态问题、这一问题对其他生态系统可能造成的生态后果以及解决问题的生态学途径，以激发相关客体的生态忧患意识和生态自觉意识。

二、教育学

教育学是研究人类教育现象和问题、揭示一般教育规律的科学。尽管教育学主要以学校课堂教学（第一课堂）为研究对象，但作为一种有目的地培养社会人的活动，课堂教学以外的其他校园教育（第二课堂等）也在很大程度上受教育学规律的调整。

从概念的外延上讲，国民环境教育是学校环境教育的一部分，学校环境教育是广义的国民环境教育的一部分，而广义的国民环境教育

---

① 祝怀新. 环境教育论. 北京：中国环境科学出版社，2002：9.

又是广义教育的一部分。国民环境教育是广义教育的一个较低层次的组成部分，因此关于人类教育现象和问题的一般教育规律也同样适用于国民环境教育，即教育学理当成为国民环境教育的一个理论原点。事实上，国民环境教育从萌芽、诞生、发展到广泛传播，始终都得到了教育科学的支持，教育科学理论也自然成为环境教育的又一理论原点（李久生，2004）。无论何种模式的国民环境教育，从广义上来讲均是"关于环境的教育""在环境中或通过环境的教育""为了环境的教育"的集合体（李久生，2004）。它是一种与家庭生活、社会生活、生产生活等息息相关的教育过程。

教育学对国民环境教育的启示意义主要如下：

其一，国民环境教育必然受教育学基本原理、基本规律的调整。教育科学有助于厘清为什么教、教什么、谁来教、向谁教、在哪里教、怎么教、教得怎么样等诸多问题。具体地，在国民环境教育目标的制定、环境教育内容的安排、教育形式的选择、教育效果的评价等方面，教育学均可提供基础性的理论指导。

其二，在国民环境教育中必须坚持教育学上的一个重要原则，必须注意教育性与教学性的统一。主要体现：在国民环境教育实施过程中，既注重环境知识和理论教育，形成相应的知识和理论体系——教学性；又关注环境意识、态度、价值观的培养，形成尊重自然、善待自然的理念——教育性。国民环境教育的教学性与教育性的有机统一，有利于提高国民环境教育的整体质量，真正实现国民环境教育的各项功能。

三、社会学

"社会学"一词是拉丁文的"社会"和希腊文的"言论、学说"的结合，就其最一般的意义而言，它是一门关于社会的科学（吴增基等，2001）①。社会学是社会科学中的一门学科。它以人类的社会生活及其发展为研究对象，它用科学的态度、实际社会调查的各种方法对社会现象、社会生活、社会关系和各种社会问题进行观察、分析和研究，从而揭示出人类各个历史阶段的各种社会形态、社会结构和社会发展的过程和规律，为人们积累认识社会和安排社会生活的科学知识，为有关社会部门正确处理社会问题提供参考资料和科学依据。在社会学中，与国民环境教育相关的理论主要有亲社会行为理论、理性行动理论、计划行为理论和认知行为控制理论等。

1. 亲社会行为理论

亲社会行为（Prosocial Behavior）是指一切有益于他人和社会的行为。具体表现在社会交往中的谦让（Modestly Declination）、合作（Cooperation）、共享（Sharing）、帮助（Helping）等行为都属于亲社会行为。亲社会行为涉及个体内部的行为动机，既包括了自愿帮助他人，不期望得到任何回报的利他行为（Altruism），也包括为了某种目的有所企图的助人行为。

2. 理性行动理论

亚真和费西本（Ajzen & Fishbein）在1980年提出了理性行动理论（Theory of Reasoned Action，TRA），用来预测态度如何透过理性过程引导行为。研究在行为的态度以及主观规范的影响下，人们如何在不同的决定间做出选择（亚真和费西本，1980）。这一模式之所以称为理性行为是因为理论假设在特定情况之下，人们意图做出任何可能的行动抉择之前，会经过意识合理化的过程。理论认为态度无法预测行为，但是却可以预测行为发生的概率，也就是行为意向（Behavior In-

---

① 吴增基，吴鹏森，苏振芳. 现代社会学. 上海：上海人民出版社（第二版），2001：1.

tention)。而对行为的态度与感受到的主观规范则可以预测行为意向。

3. 计划行为理论

计划行为理论（Theory of Planned Behavior，TPB）便是亚真和费西本的 TRA 理论的延伸，用来解释 TRA 理论所不能解释的行为。由前面所述，可以了解 TPB 是由态度 A（Attitude）、主观规范 SN（Subjective Norm）、知觉行为控制 PBC（Perceived Behavior Control）影响行为意向 BI（Behavior Intention），最后对行为产生影响。而 A、SN、PBC 三个决定因素透过背后所谓的信念结构来决定行为意向的影响力。

4. 社会建构理论

"社会建构"（Social Construction）一词是由 Bergger 和 Luckmann 在 1966 年出版的《现实的社会建构》（The Social Construction of Reality，SCOR）一书中明确提出的。他们认为，通过外部化、客观化和内在化三个过程，日常生活现实被普通社会成员在世俗的社会行为中建构出来，这里的现实是指主观现实（即人们关于世界的信念）①。这里，社会成员的认识与知识的建构非心理学所强调的认知建构的心理水平上的纯自然人式的建构，而是社会人式的建构，即一种基于个体与社会组织及其他社会成员在知识、感知、态度、技能、体验、思维等方面的社会互动而进行的社会主体、社会关系、社会现象等的系统建构。

社会学理论对于国民环境教育的启示意义如下：

（1）在国民环境教育中，教育主体应该引导、强化和激励受教育者的亲社会行为，并将亲社会行为延伸至"亲自然行为"，以减少受

---

① Berger P., Luckmann T.. The Social Construction of Reality: A Treatise in the Sociology of Knowledge, Garden City, NY: Anchor Books, 1966: 85-87.

教育者对环境和生态及地域文化的破坏行为，同时减少对其他人群的不友好行为；通过亲社会行为氛围的塑造来感染和教育其他的客体，使之付出同性质的行为，从而达到了保护环境和生态的目的。

（2）理性行动理论对国民环境教育效果评价的个别指标测度具有一定的指导意义。由于时间和经费等的限制，对受教育者某些行为的测度往往具有一定的困难，如大学生对他人消极环境行为（包括针对校园植物的攀折和刻画等）的干预往往很难直接观察到，然而，行为指标又是国民环境教育效果评价的基础性指标。为对本指标实施测量，可以通过问卷调查来了解客体的行为倾向，并以调查结果来间接或近似地测度受访者的行为指标得分。

（3）以往的研究表明，透过加入知觉行为控制对意向影响的衡量，TPB更能够预测类似减肥、戒烟这一类的行为。其实，在国民环境教育研究中，通过综合考察态度、主观规范和知觉行为控制对行为意向的影响，TPB也能预测国民乱丢垃圾、影响他人便利、对动植物生境的干扰等消极环境行为。

（4）在国民环境教育中，TPB理论中BI的三个构面对国民个体积极和消极的环境行为均具有一定的预测功能。同时，它从另一个角度说明，如果通过施加一定的环境教育干预，使受教育者的态度、主观规范、行为控制知觉产生积极的变化，则可在一定程度上使其改善环境行为，这可从理论上论证环境教育的行为优化功能。

（5）Pine和Gilmore在《体验经济》中指出，"体验事实上是当一个人达到情绪、体力、智力甚至是精神的某一特定水平时，其意识中所产生的美好感觉"。① 客体以被动地位接受环境教育的过程反过来就是客体以主动地位（主体）从事环境学习的过程，这是一个事情的两个方面。客体的环境学习体验并不是客体个体纯粹性的生理上和心理

---

① 派恩，吉米摩. 体验经济. 夏业良等译. 北京：机械工业出版社，2002：37.

上的体验,而是在环境教育内容景观符号化的寻找和观看的过程中,在个体的世界观、价值、态度、倾向性、信念等因素影响下,与学习对象、学习共同体等的相关要素共同作用的结果。客体既是独立的环境学习体验主体,即集中地以情感或情绪表现快感(愉悦)经验的个体;又是诸多环境学习体验建构共同主体中的一员(其他建构主体,包括环境学习政策的制定者、执行者、学习的引导者、学习过程的管理者和评估者、学习过程的辅助者等组织或个人)。

四、伦理学

"伦理学"一词来源于希腊语,是研究道德现象、本质及其发展规律的科学。在伦理学的众多分支学科中,与国民环境教育关系较为密切的分支学科主要有生态伦理学。一般来说,伦理学有人类中心主义和自然中心主义两大主要流派。

生态伦理学又称环境伦理学或自然伦理学。生态伦理学勃兴于20世纪70年代,一般认为,生态伦理学是伦理学和生态学这两门学科的边缘学科。

生态伦理学从生态学和伦理学双重角度来认识人与自然界之间的相互联系、相互信赖和相互作用。它把权利和义务的关系赋予非人类的物种、自然物和整个生态系统(钟林生,2003)①。要尊重自然生态系统自身的存在和演化方式,使其中的所有一切都能"完美与和谐"。人类应有责任、有义务保护生物的多样性,维护生态环境的健康发展。既尊重生命社会,也改善人类生活质量,遵循人的生存利益高于有机体的非生存利益,有机体物种的生存利益高于人的非生存利益原则

---

① 钟林生. 国民规划原理与方法. 北京:化学工业出版社, 2003:46-86.

(李君轶、马耀峰，2006）①。

生态伦理学为国民环境教育提供理论向度，是指导环境教育规划、实现国民环境教育可持续发展的理论基础，也是相关主体、客体环境行为的基本准则。

生态伦理使更多爱好自然的国民加入环境学习和环境保护的行列，从这一角度来看，可以说生态伦理造就了高素质环境学习者和环境保护者。生态环境伦理所包含的内容和观点，如大自然的整体和谐性，人与自然之间的伙伴关系，维护生物多样性和生物环境多样性是生态环境伦理的精华等，都是国民环境教育活动必须遵循的基本原则。

伦理学尤其是生态伦理学理论对于国民环境教育的启示意义如下：

其一，国民环境教育实践实际上是对生态伦理的抉择的结果，是对传统人际伦理的道德修复，或者说是国民环境教育利益相关者义务和责任的追加。其中的环境教育在一定程度上是以环境伦理为核心内容的环境教育的过程，是对国民传播生态伦理知识并通过知识的内化和迁移而形成生态伦理观念的过程。以"培养具有环境伦理信念的人，使之具备正确的环境态度和价值观，并能做出理想的环境行为"（杨冠政，2004）②。

其二，要向国民解释清国民环境教育与伦理学的关系，重点诠释国民环境教育的内容中所体现的伦理学思想，使受教育者对国民环境教育的理念和目标产生认可并获得和保持"生态伦理意识"，保持对自然、环境和他人的尊重。

---

① 李君轶，马耀峰. 生态伦理观对我国旅游开发与规划影响初探. 生态经济（学术版），2006，（2）：192.
② 杨冠政. 环境伦理——环境教育的终极目标. 环境教育，2004，（3）：12.

五、传播学

传播学是研究人类信息传播行为及其规律的综合性学科。传播是英语 communication 一词的汉译，意指思想、观念、意见的相互交流。传播学者们把信息、控制、反馈、系统等概念引入传播研究，提出了一系列新的理论模式，从而使传播学形成初步体系与国民境教育相关的传播学理论主要有 Lavidge 和 Stennier 的效果结构模式。

由 Lavidge 和 Stennier 提出的效果结构模式是在描述人潜在反应之概念化过程，个体透过这种反应概念化的过程来形成外在的行为。Lavidge 和 Stennier 认为信息的传达是循着"未知—知晓—认识—喜好—偏好—确信—购买"的顺序渐进，并将每一个步骤归类至三个心理状态——认知、情感以及动机。认知状态包含人的思考层面；情绪状态涵盖人的情感层面，而产生动则为动机层面。

1. 大众传播效果依赖模式

Rokeach 和 Defleur 发展出一套关于社会体系、媒介体系、阅受众和效果之间相互依赖的模式。模式中所表达重要的基本观念是在现代社会中，阅听众的成员会依赖媒介这种信息，获得对于他们所发生的知识和意见取向。模式中显示出社会体系、媒介体系、阅听众三组主要变量之间的相互关系，并且说明了依三组变量间的相互作用而定的主要效果。其将主要的效果分为认知的效果、情感的效果以及行为的效果。

2. 客体反应层级模式

Knudson 等（1995） 指出造成行为的改变似乎与渐增的知识和

---

① Knudson D. M., Ted T. Cable, Larry Beck. Interpretation of cultural and natural resources, State College, PA: Venture Publishing, Inc., 1995.

培养合宜的态度有关。即客体由解说内容记忆保留多寡至态度的改变，再至行为的改变。环境教育计划中表示，使学习者行为改变必须进行深度的活动设计，以达成学习者对环境的敏感度，在适当时机提升为行为层次。而 Hines（1986）在环保行为模式（Model of Responsible Environmental Behavior）中也谈及将环境议题使人们认知，以增加环保行为意图，再延伸为具有责任的环保行为（里恩和迪华，1995）①。因此，进行国民环境教育的解说时，环境保育的概念是倡导重点。

传播学理论对国民环境教育的启示意义：

（1）Lavidge 和 Stennier 的效果结构模式充分表现认知、情感与行动层面的细部内涵，若应用于环境解说效果评价则可衡量受众对于资源或环境的认知、喜爱以及环境行为友好度等。

（2）大众传播效果依赖模式将效果分为认知的、情感的与行为的三部分，应用于解说效果中，其认知的效果可代表受众对自然资源知识的认识，亦即表示解说活动给予受众的学习效果。情感的效果是属于受众感受或学习体验的部分，可代表解说效果给予受众的情感效果。而行为的效果即为受众的行为表现等，可分为外显行为和内显行为，外显行为较易观察；内显行为，即是受众在接受解说员解说之后对环境态度认知所产生的改变，可以通过问卷求得答案，因此在解说员所产生的行为效果评估方面可以环境态度效果为构面来间接衡量。本书的环境教育机制共生度评价指标体系中的某些指标的测量可采用这种问卷调查与分析方法。

---

① Ryan C., Dewar K.. Evaluating the communication process between interpreter and visitor, Tourism management, 1995, (16): 295-303.

Freeman R. E. Strategie management: a stakeholder approach, Boston: Pitman, 1984: 46.

六、管理学

管理学（Management Science，MS）是一门综合性的交叉学科，是系统研究管理活动的基本规律和一般方法的科学。管理学是适应现代社会化大生产的需要产生的，它的目的是研究在现有的条件下，如何通过合理地组织和配置人、财、物等因素，提高生产力的水平。管理是指在特定的环境下，管理者通过执行计划、组织、领导、控制等职能，整合组织的各项资源，实现组织既定目标的活动过程。它有三层含义：

其一，管理是一种有意识、有目的的活动，它服务并服从于组织目标。

其二，管理是一个连续进行的活动过程，是实现组织目标的过程，就是管理者履行计划、组织、领导、控制等职能的过程。由于这一系列职能之间是相互关联的，从而使管理过程体现为一个连续进行的活动过程。

其三，管理活动是在一定的环境中进行的，在开放的条件下，任何组织都处于千变万化的环境之中，复杂的环境成为决定组织生存与发展的重要因素[1]。

管理学理论中的利益主体理论提出，利益主体（Stakeholder），又称利益相关者，"（一个组织的）利益主体是指任何可以影响该组织目标的或被该目标影响的群体或个人"（弗里曼，1984）[2]。利益主体理论从20世纪80年代开始引入环境教育研究领域。世界环境发展委员会（WCFD，1987）明确指出，引入利益主体理论是可持续发展过程

---

[1] http://baike.haosou.com/doc/1730919-1829995.html.
[2] Freeman R. E. Strategie management: a stakeholder approach. Boston: Pitman, 1984: 46.

中必不可少的要求之一（邓光玉，2007）①。国民环境教育的主要利益相关者包括学生、教师、管理和服务人员、当地社区、政府机构、压力集团（环境、野生动物、人权、工人权利等非政府组织等）、志愿部门、专家、媒体等（斯沃德布鲁克，1999）②。其实，这些利益主体要么是国民环境教育的主体或客体，要么是国民环境教育内容中必然涉及的主（客）体，各个利益主体的在国民环境教育中的权利和义务、扮演的角色或发挥的作用各不相同，然而他们对环境教育的参与直接影响到环境教育效果的好坏。

---

① 邓光玉. 基于参与主体的我国森林国民管理研究（博士论文）. 哈尔滨：东北林业大学，2007.
② Sward Brooke. Sustainable tourism management. Washington, D. C.：CABI, 1999：114 – 116.

第四章
国民环境教育共生机制的系统构成

国民环境教育的共生机制中的系统主要包括主体、客体、媒体、资源、内容与目标等组成要素。

第一节 主体

国民环境教育系统的三大组成要素为环境教育主体、环境教育客体与环境教育媒体，分别涉及"谁来教"（Who）"向谁教"（Whom）和"用什么来教"（by What）的问题。

国民环境教育主体（以下简称"主体"），即一般意义上的"施教者"，包括教育活动组织者和执行者。事实上，主体既有法人型主体（即组织或机构主体，如相关企事业单位、非政府组织等），又包括自然人型主体（即个人主体，如教师等）。实际上，任何环境教育活动最终都要由自然人来承担，虽然不同的自然人来自不同的社会机构或团体（正式的或非正式的）。将这两种主体并列在一起可能有一些勉强,但根据通常的社会感知,这种并列一般不会产生歧义,而且彼此之间通常并不交叉,因此本书采用此列举方法。

一般来说,国民环境教育的主体主要有以下几类:

一、教师及研究人员

在国民环境教育中,教师是最常见、最重要的主体。包括专业关联度高的教师(如环境科学类或生态学类专业教师)和专业关联度低的教师以及相应的研究人员,他们是国民环境教育尤其是学校环境教育的当然主体,甚至起着关键的作用。教师型主体主要在日常的课堂教学中直接传播环境生态类知识或者在其他课程(如马克思主义理论、大学语文、经济学等)里渗透环境教育知识,当然也包括在考试题中涉及环境问题的探讨或相关计算(如中国传统文化中的生态文化发掘、碳排放量的计算等)。当然,教师在与学生的人际交往过程中对环境保护知行合一式的"身教"比"言传"更具说服力和示范意义。而研究人员类主体主要是以发表环境教育类研究成果(专著、论文等)、举办相关讲座或在学术会议上宣读论文等形式来更为间接地进行环境教育,如美国的海洋生物学家蕾切尔·卡森(Rachel Carson)女士撰写《寂静的春天》[1]一书引发了第一次世界环境运动(即西方发达国家的"生态复兴运动")。

二、学校管理服务人员

学校管理服务人员主要包括学校的教学管理服务人员(如教务、园林、环卫、水电、餐饮、购物、娱乐方面的管理服务人员等),社会

---

[1] 蕾切尔·卡森著.寂静的春天.鲍冷艳译.北京:中国青年出版社,2015.

上的保护区、公园、科技馆等场所的管理人员、环卫工人等。这些管理服务人员通过自己的语言提示或行为示范（监控）来对客体进行国民环境教育。其中，教务管理人员积极推进环境教育类课程的开发和建设，园林管护人员为校园内的植物设置环境解说牌或为学生讲解植物及环境方面的知识，环卫工人劝阻相关人员乱丢垃圾或践踏草地，水电工人设置节约用水用电的宣传标识，餐饮工作人员提醒消费者节约粮食和避免浪费，购物服务人员提醒购物者尽量使用可多次使用的环保袋，娱乐场所服务人员提醒娱乐消费者注意降低场所中唱歌或说话的音量以尽量降低对他人和环境的影响。

三、政府相关主管部门

旅游地（如自然保护区、国家公园、风景名胜区等）的政府相关主管部门通过营造场所和设施、发布法规、印发宣传手册、拍摄并播放专题片、进行环境教育项目认证等方式来直接或间接地推进行业式的国民环境教育。如美国在 19 世纪 70 年代就建立了世界上最早的国家公园——黄石国家公园，公园为降低大量荒野游憩所导致的地区环境退化，在 20 世纪 60 年代生态旅游诞生之前，对公众户外运动的道德和技术教育就已经出现并获得迅速和持续的发展，此类游客教育在 20 世纪 80 年代生态旅游诞生后又与生态旅游环境教育相融合并获得新的发展。旅游主管部门如美国林业局以及土地管理局和国家公园机构印发冠以"荒野礼节""荒野伦理"和"不留痕迹的露营"等各种称呼的宣传手册，通过发展教育项目来辅助各项规章制度以管理游客的娱乐使用或直接运用教育方法来管理娱乐冲击，美国林业局与国家户外领导学校等建立教育伙伴关系，推出更正式的"不留痕迹"

（Leave No Trace，LNT）教育项目（蔡君，2003）①。国内的中央文明办、国家旅游局2006年联合颁布了《中国国民国内旅游文明行为公约》和《中国国民出境旅游文明行为指南》，中华人民共和国第十二届全国人民代表大会常务委员会第二次会议于2013年4月25日通过《中华人民共和国旅游法》，并于2013年10月1日起施行。因为上述公约、指南和法律里面均包含了一定数量的游客环境教育内容，因而，从这个意义上说，立法机关、行政机关实际上就成了环境教育的主体之一。

四、旅游地（景区）

旅游地（景区）的经营管理机构通过举办培训、讲座或组织考试等方式来向游客传播环境知识、环境保护（或低环境冲击）技能，他们往往是面向游客进行现场国民环境教育的直接主体。如美国阿拉斯加德纳里国家公园（Denali National Park，Alaska）管理方在公园主大门的游客中心，通过独立电脑操作方式对已经获得参观许可券并试图获得在野营区露营许可的游客进行内容包括有关熊的安全和最小负面影响等知识的入园考试，只有正确率为100%的游客方能最终获得露营资格。这种模式既是一种富有创意的游客"游前"教育模式，也是一种非常好的"游中"游客管理措施和生态保护措施（拉夫·巴克利，2004）②。在我国，自然保护区和森林公园是最主要、最常见的生态旅游区，进行生态旅游环境教育既是自然保护区的功能之一，又是重要的保护手段。因此，自然保护区是进行"自然保护教育"的重要

---

① 蔡君．对美国LNT（Leave No Trace）游客教育项目的探讨．旅游学刊，2003，18（6）．
② 拉夫·巴克利著．生态旅游案例研究．杨桂华，张志勇，徐永红译．天津：南开大学出版社，2004：108-109．

组织主体（孔石和邹红菲，2001）①。且环境教育的经常性场所为上述旅游地的游客中心。

五、导游员

导游员是导游人员的简称，简称为"导游"。导游员是指按照《导游人员条例》的规定取得导游证，接受旅行社委派，为游客提供向导、讲解及相关服务的人员②。导游员包括出境领队、全程陪同导游员、地方陪同导游员以及景区（点）导游员。导游中的"导"有向导、引导、指导之意。在旅游业大力推进生态文明建设的背景下，这个"导"包含更多对游客的环境行为进行"指导"的内涵。显然，导游员是对游客进行环境教育的最重要主体，特别是在生态旅游中，他们是生态旅游环境教育的当然主体，甚至起关键的作用（卢云亭、王建军，2001）③。导游员是社会环境教育特别是生态旅游环境教育最重要的主体——对此，国内外已达到最广泛的共识④在国际上的旅游地，特别是野生动物保护区、国家公园、世界遗产地、人与生物圈保护区和海洋自然保护区等（Weaver，2000）⑤，导游员除了提供自然解译之外，还拥有控制游客行为的特别权利，即导游有权将不按规定行事的游客在剩余的行程中限制在所乘游艇上⑥。近年来，国内导游员在履行讲解服务、生活服务的同时，被赋予了环境教育的义务，包括解读环境知识，传播环境保护技能，引导游客的文明出行行为，必要时对游

---

① 孔石，邹红菲. 我国自然保护区立法执法若干问题初探. 野生动物，2001，（1）：18.
② 李亚妮. 导游业务. 北京：清华大学出版社，北京交通大学出版社，2009：1.
③ 卢云亭，王建军. 生态旅游学. 北京：旅游教育出版社，2001：373.
④ 李文明，钟永德. 生态旅游环境教育. 北京：中国林业出版社，2010：41.
⑤ Weaver D. Tourism and national parks in ecologically vulnerable areas. In Bulter R. W., Boyd S. W. (eds) Tourism and National Parks: Issues and Implications, John Wiley & Sons, Chichester, 2000：107-124.
⑥ Freeman R. E. Strategie management: a stakeholder approach. Boston: Pitman, 1984: 46.

客的不文明行为进行劝阻。

六、环保组织

环保组织（或称非政府环保组织），如大学里的爱鸟协会、绿派社等环保协会，社区的环保志愿者组织等，这些环保组织所举办的环境教育具有很强的专业性和直接性（非渗透性），因而是承担环境教育工作的一支重要力量。中国民间环保组织自1978年开始起步，其职能和作用在社会发展中表现得日益重要。目前，中国民间环保组织已经形成了一个完整的系统体系，成为推动中国和全球环境保护事业发展与进步的重要力量。中国民间环保组织主要经历了三个阶段：自1978年起到20世纪90年代初，中国环保民间组织走过了诞生和兴起阶段；1995年至21世纪初，他们把环保工作向社区和基层延伸，进入了发展阶段；21世纪初，他们的活动领域逐步发展到组织公众参与环保、为国家环保事业建言献策、开展社会监督、维护公众环境权益等，环保NGO进入了成熟阶段。民间环保组织（或称非政府环保组织）（郝冰，2005①；秦京午，2008②）如全球环境基金、世界自然基金会等是承担环境教育工作的一支重要力量，如全球环境基金于1998年资助我国的秦岭自然保护区开展社区环境教育（张金良、王志诚，2001）③。

七、社区居民

社区居民是当地环境和生态的最大利益相关者，他们对环境和

---

① 郝冰. 环保组织对中国学校环境教育的影响. 学会，2005，(11)：19~23.
② 秦京午. 中国环保民间组织达3539家. 人民日报（海外版），2008-11-4-005.
③ 张金良，王志诚. 秦岭保护区群开展社区环境教育的初步探讨. 林业与社会，2001 (1)：45.

生态更敏感和关注，对环境和生态的维护也最有积极性和动力，他们对出入于社区的群众和外来访客的环境行为均保持着关注甚至警觉以及实施干预的意愿。社区居民环境教育角色主要是通过自身行为的示范作用以及对他人行为的警示和监督来履行的。一方面，社区居民被引导积极参加本社区的环保活动，可在环境、景观保护方面发挥示范作用；另一方面，具有监督意识的社区居民或居民团体可发挥其对其他个体环境行为的提醒和监督作用。社区内居民的监督作用可有效地预防一些人不文明行为的发生，有利于景区环境、景观的保护。如武夷山风景区成立了由大量景区居民参加的"风景旅游资源保护协会"，在保护资源环境、发挥示范作用方面取得了很好的成效；张家界国家森林公园附近的居民，总会在旅游者进入森林公园前提醒不要抽烟、不要用火，以防止森林火灾。景区内居民和监督作用可有效地预防一些游客不文明旅游行为的发生，有利于景区环境、景观的保护。社区居民在某个或某些方面的环境教育上甚至具有不可取代的地位。

八、其他主体

如林业、环保或水利等方面的专家学者，他们具有专业化的工作经历或研究经验。一方面，他们的工作场所当作参观对象时，就成了事实上的环境教育现场，他们就充当了现场的环境教育主体；另一方面，在某些时候会被邀请到学校、机关、企业、社区等对师生、机关工作人员、员工、业主等进行生态系统或环保方面的知识讲座。此外，大众传播媒体如电视台、电影制片厂、杂志社、互联网网站等新兴媒体（包括社交媒体）或传播媒体也常常在一定的时空条件下充当国民环境教育主体的角色，如当电视台播放环保宣传公益片、网站直播环境讲座或组织在线环境公益捐赠、报纸刊发环境保护类学术会议或博览会专栏时,这些临时的或特定的环境教育主体的环境教育活动往往有着很大的受众面和社会反响。

第二节 客体

国民环境教育客体(以下简称"客体")即教育对象或受教育者,从广义上讲包括一切日常学习、工作、生活中与环境发生关系或将与环境发生关系的自然人,既包括国内的国民,也包括入境的他国国民。其中,国内国民包括公务员、媒体界人士、工人、农民(农民工)、公司员工、军人、教师、学生、离退休人员等。对于与学校相关的国民环境教育而言,主要的客体为学校里的师生、管理服务人员、校园周边的社区居民等利益相关者,这些自然人均为学校国民环境教育的当然客体。

一、学生

各级各类学校的学生是国民环境教育最重要的客体,是学校环境教育的最主要客体,即学校是学生获取环境知识、环保技能,践行环保行为的最重要场所。从成为初级的学生(幼儿园小班学生)开始,学生所接受环境教育的方式就由以家庭环境教育为主体的社会环境教育转换到以校园为主体的学校环境教育。学生在学习生涯的演替中,在不同级别的学校接受的环境教育在内容上有所侧重,最重要的是,从不同层级的学校作为环境教育主体,在实施环境教育时应考虑学生已接受的环境教育的基础和积淀,注意避免内容上的重复或断层,教育行政管理部门要从顶层进行宏观和全面的设计。学生主体之所以重要,是因为他们在学校接受更为系统和正规的环境教育,教育形式包括专门课程(如《环境教育读本》等)或专题讲座或主题班会,同时他们在充当环境教育客体的同时,也会被安排担任临时或阶段性的环境教育主体,如参加环境保护宣教方面的志愿者,直接参加保护生态和环境的社团活动,在街头维护环境秩序等。

二、教师和其他教工

一般来说,教师和校园管理服务人员在学校是广义的环境教育主体,特别是教师身兼教书育人和言传身教的责任。但他们进行环境教育所需的环境教育意识、环境意识、环保技能等从何而来?显然,是从学习中来,换言之,是从接受环境教育中来。一方面,这些客体接受必要的环境教育以获得相应的环境知识、培养环境意识、掌握环保技能或是使其本身付出资源节约型和环境友好型从业行为的基础和保证。另一方面,这些人员在作为环境教育客体的同时,又兼有环境教育主体的任务,即他们在从事教学、管理、经营和服务的过程中,本身兼有对学生等进行环境教育的义务。以教师为例,其既是环境教育活动的受教育者,又是环境教育的"施教者"。显然,上述主体在充当"施教者"角色的时候,更应自觉接受环境教育。与学生一样,在充当环境教育客体时,不同层级的学校教师及工作人员在接受环境教育时,在内容上和目标上也应有所区别或侧重。层次越高的学校,其教师和校园管理服务人员所接受环境教育内容的层次也应越高,越偏重于环境伦理和环境意愿方面的知识。

三、社区居民

与充当临时的环境教育主体相比,社区居民更多场合下是作为环境教育客体——受教育者而存在的。其中,城市的社区居民在组成结构上较复杂,不像学校的家属区那样学历和工作性质较相似,环境素养也较接近,环境行为具有较好的预见性。在城市化进程中,一些非学校型社区由于居民的来源、受教育程度、生活习性各异,其环境意识和环境行为具有较大的多样性,个别城市社区甚至出现了"跨文化冲突",个别来自农村的居民将农村的一些风俗习惯(如在农历初一和农历十五放鞭炮祭祀)带到城市,对原城市居民造成了较大的环境冲击。而农村的社区居民,在生活起居方式上有明显的乡土性,对环境的感知和保护意识与城市居民有一定的差异,这也给新型城镇化带来一定的挑战。尽管如此,社区居民是与环境保护活动有广泛的利益关联且不可忽视的利益相关者,他们周边地域商业开发和经营的参与和获益事关和谐社会建设的整体实现。对社区居民的教育可使他们提高环保意识和环保技能,减轻或避免造成生产性或生活性的资源破坏和环境冲击;同时培养其对周边地区的环境建设和环境保护持合作态度也有利于构建和谐的社会环境,营造友好的环境教育的氛围。

四、游客

一般来说,游客是指任何一个人到他(她)的惯常环境外的地方去旅游,连续停留时间不超过12个月,其旅游目的不是通过所从事的活动从访问地获取报酬的人①。游客是离开其惯常居住地身处异地的"社区居民",或是旅游目的地或过境地的"访客",但由于面临新的环境,出于对新环境中的环境知识的学习、环保技能的获取以及降低对新环境的冲击等原因,游客有意愿也有必要在其时其地接受环境教育(当然,很多游客在成行前就在旅游客源地接受了"预警式"的先

---

① http://baike.haosou.com/doc/5204561-5436435.html。

期环境教育,成为"游前"的环境教育客体)。显然,在以旅游活动为载体的环境教育中,游客是国民环境教育之旅游环境教育最重要的客体。因为,游客只要参加了生态旅游活动,就有保护资源和环境的义务,就当然成为国民环境教育的客体①。而不论其是一般性的游客,还是生态旅游者、学习型游客和有经验的游客(布里克尔和柯斯特特尔,2002)②。

第三节　媒体

媒体有广义和狭义之分。前者泛指一切可用于传送和接收信息的载体,包括语言(口头语言、书面语言及体态语言)、图片、视听设备、网络等传统与现代的信息载体。后者则往往特指物化的教育技术(Education Techniques)。

国民环境教育媒体(媒介)(以下简称"媒体"或"媒介"),或称环境解说媒体(媒介),是国民环境教育信息的传播通道,是将主体与客体联结起来的桥梁。施教者通过此通道传递知识,受教者通过此通道获取知识,并通过此通道将其有关学习结果的信息反馈给施教者。一般认为,环境教育媒体是对广大民众进行环境教育的手段——对此,国内外学术界已达成了广泛的共识。

国民环境教育中常用的媒体包括以下几类:①纸质媒体,如教材(书本)、杂志、宣传画、宣传折页等;②信息技术类媒体,如广播(无线广播、有线广播)、电视(无线电视、有线电视)、网络媒体

---

① 李文明,钟永德.生态旅游环境教育.北京:中国林业出版社,2010:43.
② Bricker Kelly S., Kerstetter Deborah L.. An interpretation of special place meanings whitewater recreationistattach to the South Fork of the American River. Tourism Geographies, 2002, 4 (4): 396 – 425.

（万维网新闻、校内局域网新闻、电子邮件、网络论坛、聊天群、QQ群、博客等）；③物质类媒体，如解说牌（生态知识解说牌、环境行为警示牌）、液晶显示屏、环保口号横幅、馆舍（自然博物馆等）、标本室（动物标本、植物标本）、花圃；④其他媒体，如车身公益广告、车载电视等。

有学者从环境解说的角度将国民环境教育媒体划入两大系统：自导式环境解说系统和他导式环境解说系统。前者如宣传手册、标示牌等，后者如教师、管理人员等。根据这一思路，我们也可将国民环境教育媒体划分为自导式媒体和他导式媒体。

第四节 内容与目标

对于国民环境教育的内容与目标，不同的领域、组织或个人有不同的解释，但诸多的解释均有一个共性，即以环境和生态保护为核心要义。在学校环境教育领域，历次国际环境教育会议的主要文件或一些国家的课程指南等都对环境教育的目的和目标有所描述，其中以1975年的《贝尔格莱德宪章》和美国的H. R. 亨格福德博士等的一些提法影响比较深远。《贝尔格莱德宪章》（1975）将环境教育的目标划分为6个方面（Palmer Joy，1998）①，可以浓缩为六个主题词：关心、知识、态度、技能、评价、参与；美国的H. R. 亨格福德博士于1980年提出的环境教育目的包括四个层次：①生态学基础水平；②概念意识水平；③调查和评价水平；④环境行为技能水平（H. R. 亨格福德，

---

① Palmer Joy A. Environmental education in the 21st century. Routledge, London & New York, 1998.

1991)①。在典型的社会环境教育——生态旅游环境教育领域，李文明、钟永德（2010）认为，生态旅游环境教育的内容及目标包括知识、技能、意识、伦理、行为、评价与建议、意愿②。参考国内外相关学者的研究成果，本书认为，为达成国民环境教育在关心、知识、态度、技能、评价、参与等方面的目标，完整的国民环境教育内容与目标设计应该包括以下内容：

一、知识

此处的知识概称环境类知识。受教育者环境知识的增长是衡量国民环境教育目标实现程度的一个重要因素，因而在国民环境教育内容中占有重要的地位。因为环境知识对环境意识的养成以及环境伦理观念的形成等均有基础性的作用。特别是对于学生这一特定的客体而言，环境学习活动是其在对自然景观及生态环境的体验和感知过程中学习知识的过程。在众多的知识中，生态学知识，保护区知识，环境保护的政策、法律、法规等知识以及地域自然历史知识这四个领域在知识目标中又显得尤为重要。

1. 生态学知识

生态学知识是国民环境教育中最重要的知识单元。环境教育是一种"关于环境的教育"与"为了环境的教育"与"在环境中或通过环境的教育"的有机结合（帕尔墨尔，1995）③。因此，以自然环境生态知识为主体的生态学知识，包括生态系统生态学中的生态系统的概念、

---

① H. R. 亨格福德等著. 中学环境教育课程模式. 北京：中国环境科学出版社，1991.
② 李文明，钟永德. 生态旅游环境教育. 北京：中国林业出版社，2010.
③ Palmer Joy A. Environmental Thinking in the Early Year：Understanding and Misunderstanding of Concepts Relating to Wastemanagement. Environmental Education Research，1995，1（1）.

组成与结构、食物链和食物网,生态系统中的能量流动和物质循环以及地球上生态系统的主要类型及其分布等知识,应用生态学中的全球变暖与环境污染、人口与资源问题、生物多样性与保育、生态系统服务(孙儒泳等,2002)[①]等知识是国民环境教育所必须传播的知识对象。

生态学知识主要包括生态系统、生态系统的能量流动和养分循环、食物链与食物网、特定生态系统的概念、生态功能、社会功能及经济功能等方面的知识。

2. 保护区知识

保护区知识外延甚广,从自然和自然资源保护的理论基础、保护区建设到保护区的分类系统与标准、保护区的主要任务和基本功能、世界保护区发展的主要趋势等(王献溥、崔国发,2003)[②]。保护区知识主要包括保护对象知识和保护区的功能知识。其中,保护对象知识包括保护对象的类群知识(如保护对象的形态结构和生活习性以及分类知识)、保护对象的识别知识(如从外形特征、头部特征及脚部特征三个方面来综合判别保护对象种类的知识)以及保护动物的迁徙知识(如某些保护动物因季节变换而改变生活场所的习性方面的知识)。保护区的功能知识包括保护区的有关保护和监测、科学研究、教育和培训、资源的持续利用、生态旅游五大功能(王献溥、崔国发,2003)[③]方面的知识。

3. 环境保护的政策、法律、法规等知识

广义的环境保护的政策、法律、法规知识包括全球、区域、国内、

---

① 孙儒泳等. 基础生态学. 北京:高等教育出版社,2002.
②③ 王献溥,崔国发. 自然保护建设与管理. 化学工业出版社,2003.

省内以至具体的保护区多个尺度内的政策、法律、法规知识;同时,也包括当地与环境保护相关的传统意义上的风俗、家法、族规等以及现代意义上的村规民约、校规校纪等。当然也包括环境保护或环境污染争端方面的谈判、仲裁、诉讼等方面的动态。环境保护的政策、法律、法规知识的传播旨在使客体获得具有国际视野的、系统的环境保护的政策、法律体系知识,并培育客体的环境法治意识以及立法、执法和守法的水平。其中,在国内与旅游环境教育相关的政策法规有经2013年4月25日十二届全国人大常委会第2次会议通过的自2013年10月1日起施行的《中华人民共和国旅游法》,中央文明办联合国家旅游局于2006年10月2日公布的《中国国民国内旅游文明行为公约》和《中国国民出境旅游文明行为指南》[①]。

4. 地域自然历史知识

自然历史知识主要包括自然形成的历史、地质构造及水文条件的变迁等知识。这种知识在某种程度上是地域生态史知识。其中,自然历史上的自然灾害(如对鄱阳湖生态环境有生态影响的"98年长江特大洪灾")史、人类活动(包括生产、生活甚至战争等)对地域生态环境的影响等知识更是值得教育主体在国民环境教育活动中加以介绍和评述。

5. 地域环境保护、生态伦理知识

主要指地域的人类活动历史、社会制度及传统文化的变迁等蕴含的环境保护或生态伦理方面的知识。当然,环境教育主体应该注重在此类知识的传播过程中,积极地发掘地域生产生活习俗或传统家训

---

① http://wenda.haosou.com/q/1370182378069609?src=150.

(王长金，2005)① 中所蕴含的环境伦理文化以及这一文化所导致的环境影响知识，并巧妙地运用于培养客体的环境保护意识活动中。

二、技能

适应于生态审美和环境保护的要求，这里的技能主要包括生态审美技能和低影响技能。低影响技能（即通常意义的环保技能）的重要性已形成广泛共识，此处毋庸赘言。然而，在生态旅游环境教育实践中，生态审美技能往往被忽视或者说没有得到足够的重视。其实，客体生态审美活动是其与环境知识的学习和运用、环境意识的形成和强化、环境伦理理念的培育、积极环境行为的付出、环境体验的获取等有着非常紧密的联系，在某种程度上具有催化作用。因此，与低影响技能一样，在国民环境教育中，生态审美技能也是最重要的技能目标之一。

1. 生态审美技能

掌握正确的生态审美技能是获得生态审美愉悦进而增进对生态环境热爱之情的重要途径之一。生态审美的伦理基础是自然中心主义或生态中心主义，因此生态审美技能的传授应该让客体——生态审美主体在知晓和认可生态伦理的基础上掌握分析或体会不同生态因子或生态系统的不同组成部分和谐统一的客观存在。作为生态审美技能的主要传授者，导游员要引导旅游者投身于自然的怀抱，在生命共同体的视野里，把自然物作为其中一员并肯定其生态价值，把自然（包括人自身）作为生命整体来体验，重新在精神上与自然联结为一体，以达成人与自然和谐的澄明诗境。实际上，个体生态审美技能的习得过程，

---

① 王长金. 传统家训的环境伦理教育. 北京林业大学学报（社会科学版），2005，4（2）.

从某个角度来说也社会生态文化的培植和生态文明建设的过程。

根据归属不同，生态系统的生态旅游目的地、生态旅游环境教育中的生态审美技能可进一步细化为以下几种技能：

（1）生态系统和谐审美技能。即发现、剖析生态系统内部生态因子之间及不同生态系统之间的物质循环、能量流动、生态系统的演替、生物多样性存在现象，特别是生物对环境的适应以及不同生物群落之间的竞争与合作现象，并能透过表面的生态现象找出现象的发生机理的综合审美技能。如能发现和分析森林中的植物从低海拔到高海拔的垂直分布规律、植物对土壤水分条件的适应和进化现象；能发现和分析湿地动植物之间之间的互利共生（互相依存、和谐共处）现象（如鹭鸟栖息在水牛背上觅食的现象）。

生态系统和谐审美技能的习得可使客体掌握审美原则，诱发审美发现，产生审美愉悦，并在感悟大自然生态和谐美的基础上激发生态思辨甚至培育生态智慧。生态系统和谐审美技能包含几个由浅入深的层次：其一，能善于发现典型或突出的生态美事象，产生感官的愉悦；其二，能解剖或分析生态现象背后所隐含的生态学原理；其三，能实现知识迁移，就眼前的生态事象联系到日常社会生活中的类似现象，从而产生哲学思辨，破解生活中的某些难题，或产生艺术创作上的灵感（如从生物的多样性联想到文化的多样性、社会制度的多样性、语言的多样性及个人性格的多样性）；其四，能养成生态思维的习惯或遵循生态思维的范式。

（2）动物观赏及审美技能。这一技能的主要施加对象是特定区域（如动物园、自然保护区等）内的保护动物或观赏动物（如熊猫、白鹤等），因而这是一项专业性略强的审美技能。内容主要为掌握审美的角度，提高审美的层次，实现从物理审美到功能审美再到文化审美的飞跃。具体表现为从动物的形体、大小、颜色、声音（物理审美）到习性、迁徙路径、在食物链或食物网结构中的地位、在生态系统中的作用（功能审美）再到科学研究价值、社会文化意义（文化审美）。

（3）植物观赏及审美技能。与上述动物观赏及审美技能一样，这一技能的主要施加对象也是特定的区域（如森林公园、自然保护区等）内的保护植物（如红豆杉、珙桐等），因而也是一项专业性略强的审美技能。内容同样为掌握审美的角度，提高审美的层次，实现从物理审美到功能审美再到文化审美的飞跃。具体表现为从植物的形体、大小、颜色、气味、植物精气（物理审美）到习性、在生态系统中的作用（功能审美）再到科学研究价值、社会文化意义（文化审美）。

（4）民间原生态文化的观赏及审美技能。某些民间文化在长期与自然和社会环境交融的过程中得到保留和传承，体现了原生态的文化，如云南的海菜腔生态民歌，湖北向坝的原生态民歌，内蒙古的长、短调牧歌，江西的傩舞等，它们均是一种典型的原生态文化。原生态文化是来自于大自然的文化，是前工业时代的、自然的、野生的、乡村的、朴拙的、边远地区的、非城市化的、非市井的、非商业化的文化。这种文化的多样性依赖于自然与物种的多样性，依赖于原生态的自然环境①，如我国20世纪末在贵州建立的若干苗族、布依族、汉族的生态博物馆等。这里的"生态"意义既是自然生态，也是人文生态。显然，民间原生态文化的观赏及审美技能应该成为客体生态美审美的有机组成部分、国民环境教育的目标之一，是要教会客体从地理、环境、自然、地域的角度来看文化，去体现原生态文化文化的生态性，即到田野去尊崇当地风习，从文化节日、集市贸易、婚丧嫁娶、民居民宅、表演游戏、影舞弹唱、玩具器物等各种有形与无形文化、物质与非物质文化展示或活动中，去体验、欣赏真正的天籁般的原生态文化。

---

① http://baike.baidu.com/image/3bc6f7501013e31a1038c2a4 18：36 2010 – 10 – 05.

(5) 对历史人物生态审美的评价技能。国内一些生态旅游区往往拥有历史悠久的人类活动遗迹,其中不乏历史名人的游览活动,特别是与当今生态旅游活动中相类似的生态审美活动(我们姑且称为准生态审美类活动或自然审美活动,对此类活动的描述多见于流传至今的当时的文学艺术作品中)。如陶渊明在庐山"采菊东篱下,悠然见南山",获得"以物观物"(主观意志降到最低)的直觉式领悟,达到了物我不分的诗境,"山、篱、菊、我"四者情趣交融,自然与心灵交相融合,和谐统一,个体生命意志短时的安静(或心灵逃避)与自然的生命感的幽然呈现交相辉映;而苏轼在对庐山的"横看"和"侧看"、远眺和近观的比较中,发现由距离和角度所引发的景观变化,或"成岭"或"成峰";最重要的是,他对这样景观变化的现象进行深层次的拷问,最后获得"不识庐山真面目,只缘身在此山中"的感悟,完成了从自然审美到哲学审美的升华①。

可见,客体被传授并获得评价相关历史人物类似生态审美活动的技能应该成为国民环境教育目标的应有之义。因为对历史人物类似生态审美类活动进行剖析和鉴赏,一方面可为客体自己实地实景的审美活动提供参考和借鉴;更重要的是,可在当下以不同载体进行的生态审美过程中,建构生态审美的语境和范式,丰富生态审美的视野和情趣,提高生态审美的质量。

2. 低影响技能

低影响技能,即客体在日常活动过程中降低对环境负面影响的技能,这也是通常意义上所说的环境保护技能。环境影响有正面和负面之分,国民环境教育的目标之一就是向客体传授高正面环境影响技能和低负面环境影响技能,尤其是后者,即通常意义上的低影响技能或

---

① http://baike.baidu.com/view/4208589.htm 11:22 2010-10-03.

低环境冲击技能。由于客体在日常活动中无疑会造成程度不同的现实或潜在的环境冲击（包括环境污染、资源消耗和生境干扰等），相关技能的习得可有效降低这一冲击。低影响技能的传授在克服客体无技术性的问题环境行为方面可以发挥重要的作用。现实中，低影响技能的主要学习者（客体）为大学生。这一技能又可细化为以下几种技能：

（1）固体废弃物的收集及投放技能。客体在日常工作生活中必然会产生一些固体垃圾，如食品袋、瓜果壳、废旧电池等，这些固体垃圾处理或处置不当便会产生视觉污染（如"白色"污染等）或化学污染。随身携带一定数量的垃圾袋自行处置自产垃圾，"打包走"是一种很好的技巧；而正确识别垃圾的性质，如区分可回收垃圾（Recycled）与不可回收垃圾（Unrecycled）是正确处置垃圾的前提。现实中，不少分类收集式垃圾箱上均标明了"可收回"与"不可回收"的字样，但这种简单的标识无法让普通客体作出正确的判断，不少客体对到底"哪些垃圾是可回收的，哪些垃圾又是不可回收的"并不十分清楚，因此这样的识别技巧迫切需要进行传授。

（2）资源（能源）节约技能。这一技能的主要施加对象是稀缺性资源如土地、水、粮食等以及由资源转化而成的商品性的能源或产品（如电力、食品、日常用具等）。因而这是一项基础性和普及性强的环保技能。内容主要为掌握节约的方法以及新型能源的使用技术。

最常见的节约方法包括节约用水、节约用电等。节约技能的传授适用于所有的国民利益相关者，如大学生、行政管理人员、教师、社区居民和旅游者等。如在节电技术（巧）方面，可将空调的温度设定在合理和经济的档位上或进行定时控制，电脑长时间不用可关机或至少启动待机功能，减少电梯的使用频率或尽量和其他人合用电梯等；在节约用水方面，可控制合理的洗浴时间、次数，控制水流量的大小等。这些技术（巧）不需要专门培训，只要相关人员口头提醒或制作适当提示牌置于适当位置即可，其主要目的是帮助使用者克服"无意识"或"不知情"（亨地等，1990）的浪费行为。

新型能源的使用技术主要包括可再生能源、清洁能源等替代性能源的使用技术，如太阳能和风能发电技术，它适用于除大学生以外的利益相关者。如后勤管理部门掌握太阳能或风能发电技术，利用相关的发电设施来为夜间照明提供电源；学校住宿设施的经营者在光照条件充足的环境里使用太阳能热水器，社区居民掌握沼气的生产和使用技术，利用沼气作为日常生活能源；等等。不过，这样的技术需要一定的正规培训。其主要目的是帮助使用者克服"无技术的"（亨地等，1990）高耗行为或浪费行为。

（3）降低对观赏植物及其生境影响的技能。与降低对观赏动物及其生境影响的技能相似，这一技能的主要施加对象是特定的生态旅游区（如森林公园、自然保护区等）内的保护或观赏植物，因而也是一项专业性略强的低影响技能。该技能具体的内容同样包括一些肯定性的"应为"和否定性的"不可为"行为技巧，如认真阅读警示牌，听从保安或专门服务人员的提示，不硬闯在危险地带或禁止游客入内的场所所采用的拉绳、拉网、植物墙；遵守限制进入和限制停留的时限；避免过度拥挤以践踏植被或引发温湿度变化引起旅游资源的损耗；不抚摸植物，不在植物表面乱写乱刻；根据"谁受益，谁偿还"的原则，缴纳用于生态补偿的额外费用；响应旅游区提出的要求，杜绝有意的伤害，克服无意的伤害；等等。该技能同样不必进行专门的培训，但管理员或导游员同样要进行必要的口头提醒，同时要配备必要的警示牌。

---

① Hendee John C., Stankey George H., Lucas Robert C.. Wilderness management. 2d ed. Golden, CO.: North American Press, 1990: 546.

三、意识

这里的意识概称环境保护类意识。意识是精神的注意与认识的统称①。意识（Consciousness）就是我们的觉知状态，即对我们自身、外界的环境事件以及自己与外界环境事件关系的觉知状态。在国民环境教育目标中，意识一词特指客体的环境意识，即客体对环境保护、环境问题、生活生产活动的环境影响以及从事环境学习的觉知状态或注意认知状态和敏感性。它一般包括环境保护意识、环境忧患意识、环境影响意识和环境学习意识四个方面。

1. 环境保护意识

（1）校园环境保护意识。这里的校园环境包括自然和人造环境。前者如校园内游步道、草洲、滩涂等，后者如校园内湖泊附近地面上的动植物及其他人工设施等。广义地说，客体工作生活活动全过程中任何外在的空间存在均是环境的范畴。国民环境教育要使客体树立这一广义环境意识，保持对环境保护或尽量降低对其影响的觉知状态。

（2）动植物及其生境保护意识。指客体对动物、植物及其生存环境保护的觉知状态，这一觉知状态往往是在掌握相关知识并形成一定的价值判断后所产生的自觉或自发的注意或知觉。通过国民环境教育使客体在前往某一保护区旅游时产生对保护区的保护对象及其栖息地的保护意识。

2. 环境忧患意识

指客体对环境问题包括环境污染、资源浪费和生态破坏等环境问

---

① http：//baike. baidu. Com/view/51715. htm, 15：22 2009 - 08 - 07.

题的忧虑和担心的心理状态，国民环境教育的目标是通过教育使客体对环境、资源和生态问题产生一定程度（合理程度，以不影响客体的日常休闲体验为宜）的"焦虑"，这一合理程度的焦虑会使客体产生环境保护的使命感，强化客体的环境保护意识，促使客体付出积极的环境行为，并提高其对他人问题环境进行干预的主动性。根据忧患的对象，它又可进一步细化为环境问题忧患意识、资源问题忧患意识和生态（包括文化生态）问题忧患意识。

（1）环境问题忧患意识。客体所忧患的不仅是现实的环境问题，也包括潜在的环境问题。前者如客体对耳闻目睹的水体污染、噪音污染等产生的不安和焦虑；后者如客体置身于异常优美的自然环境，感到心旷神怡，但同时又担心潜在的威胁将使这一环境质量下降，担心下次光临时"优美不再"，或担心自己的后代可能无法享用如此优美的环境。

（2）资源问题忧患意识。与环境问题忧患意识相类似，在资源问题忧患意识中，客体所忧患的不仅是现实的资源浪费或枯竭问题，也包括潜在的资源问题。前者如客体对耳闻目睹的资源浪费或枯竭等产生的不安和焦虑；后者如客体享用到异常丰富、优质的自然资源所提供的产品或服务，感到满足和快慰，但同时又担心潜在的威胁将使这种资源质量下降，担心下次光临时资源"丰优不再"，或担心自己的后代可能无法拥有如此丰富优质的资源条件。

（3）生态问题忧患意识。与上述两大忧患意识相类似，在生态问题忧患意识中，客体所忧患的不仅是现实的生态破坏问题，也包括潜在的生态破坏问题。必须强调的是，越来越多的人士均认可生态包括自然生态和文化生态，虽然通常所谓的生态均指前者。其实，无论是生物与环境之间的关系还是某种社会存在（如地方文化等）与环境之间的关系均构成了广义的生物学上的生态问题，因为它们均有在特定的环境中演替的过程。前者如客体对耳闻目睹的生态系统破坏、生物多样性降低、文化多样性降低等产生的不安和焦虑；后者如客体享用到异常完整的生态系统所提供的产品或服务，感到称心和舒适，但同时又担心潜在的威胁将使这一生态质量下降，担心下次光临时资源"完整不再"，或担心自己的后代可能无法拥有如此完美的生态存在。

3. 环境影响意识

环境影响有积极影响与消极影响之分，这里主要考察后者，即将环境影响意识的外延限定在消极环境影响（环境冲击）意识内，即环境冲击敏感意识，它主要指客体对自身及其他客体在日常工作生活的过程中所造成的现实或潜在的环境冲击（包括环境污染、资源消耗和生境干扰、文化本底破坏等）所保持或具备的敏感性，这一意识的存在会使客体产生一定程度的焦虑或心理压力以及一定程度的自律倾向。环境冲击敏感意识根据冲击的对象性质的不同，它又可进一步细化为自然环境冲击敏感意识和社会文化环境冲击敏感意识。

（1）自然环境冲击敏感意识。从某种意义上来说，它是客体对生态足迹占用等的敏感性。理论上，这一意识的保持与环境保护意识及环境保护行为关系密切，对环保公益支付意愿也有重要影响。

（2）社会文化环境冲击敏感意识。从某种意义上来说，它是客体对"文化入侵"等的敏感性。迁入性客体（如高校学生等）的生活方式主要根源于的迁出地长期积淀，这一积淀又带有深刻的社会体制、意识形态、文化风俗、流行时尚等色彩，它的注入经过抵制、模仿、同化等过程，可能对校园周边社区居民的日常生活、长期习俗、道德观念、传统礼仪均产生一定的冲击，严重的将引发目的地社会文化的异化。理论上，这一意识的保持与文化多样性尊重意识及文化多样性保护行为关系密切，对地方文化保护公益支付意愿也具有重要影响。

4. 环境学习意识

环境学习意识主要包括教育技术使用意识和对环境知识及技能等的主动学习意识。

（1）教育技术使用意识。教育技术使用意识可解释为对环境教育技术体系，包括广播、录像、说明牌、活动手册、动物标本等教育媒体使用的敏感性。

（2）主动学习意识。主要指客体主动就某些环境知识或技能请教教师或询问他人，或有意聆听同伴或其他客体的相关谈论以获取环境知识及技能的敏感性。

四、伦理

广义上的伦理既包括传统意义上的人际伦理，又包括现代意义上的环境伦理。即它同时包含存在于人与人之间的道德关系及人类与自然环境间的道德关系。研究国民的伦理问题将有助于解决国民环境保护与教育扩张、当地社区经济发展关系平衡问题，从而提高国民的可持续发展的能力。伦理准则主要包括环境伦理、管理与开发伦理、社会组织伦理以及旅游者消费伦理四个领域层。

1. 环境伦理

环境伦理是人类与自然环境间的道德关系，也可以说是人类与自然环境的伦理责任。伦理的内涵包括信念、态度和价值观。1991年国际环境教育计划发行的通讯Connect以"全球环境伦理——环境教育的终极"为主题论述环境伦理的重要性。文中指称环境教育的终极目标是培养具有环境伦理信念的人，他具备正确的环境态度和价值观并能做出理想的环境行为（杨冠政，2004）。国民环境教育应以环境伦理教育为必要内容，使客体在人与自然的关系方面、管理开发与环境保护方面、社区对教育扩张的参与或获益方面、客体消费的环境友好及人际友好方面形成正确的态度、信念和价值观。这是环境教育的重要目标之一，也是评价环境教育效果的重要指标内容。

环境伦理教育最重要的内容之一即是宣扬正确的人与自然关系观念。此观念存在着两个倾向：一个是带有消极色彩的人类中心主义，主张人类对自然的征服和榨取；而另一个是带有积极色彩的非人类中心主义，主要包括动物解放论和动物权利论、生物中心论和生态中心论。国民环境教育即指向于改变受教育者的人类中心主义观念或使其形成非人类中心观念，更直接地说是人与自然平等的观念。特别是在当人类与自然的利益发生冲突时，要整合以上两种伦理思想，恪守"人的生存利益可以大于动植物的生存利益，但人的非生存利益不能大于动植物的生存利益"的伦理原则。

2. 管理和开发伦理

管理与开发伦理主要指在教育扩张过程中，对管理和开发与环境保护的关系所持有的立场或具备的观念。国民环境教育的目标之一就是使教学管理人员和经营服务人员形成正确的关于开发与保护的关系观念。

开发与保护的关系观念同样存在着两个倾向，消极的立场或观念是重视开发而轻视或忽视保护；积极的立场或观念则主张保护优先，开发与保护要兼顾，不能顾此失彼。开发是在保护的前提下进行，同时，开发本身又是一种积极的保护手段。如此，国民环境教育的目标取向应定位于使上述受教育者形成开发与保护平衡的观念。

3. 环境权益伦理

权益简单地说即权利和收益，环境权益则是与环境相关的主体对环境的享用和收益的权利。环境权益伦理的基本含义是主张所有的人类（不论是当代的人类还是未来的人类）对环境拥有不可剥夺的合理享用和收益的权利，这体现了环境正义或环境公正的思想。由此演绎出两个获得日益广泛认同的公平观念：同代人之间的横向公平性、代际之间的纵向公平性，这也是可持续发展思想在环境权益方面的具体运用。国民环境教育要着重宣扬并力图使受教育者树立环境权益代内公平观念和环境权益代际内公平观念。

（1）环境权益代内公平观念。环境权益代内公平观念，具体到某一生态旅游区，即是主张地球上所有人类（不论国别或种族等）均有享用本生态旅游区内生态系统服务功能的权利，包括调节服务（Regulating Service）、文化服务（Cultural Service）、支持服务（Supporting Service）（戴星翼等，2005）。国民环境教育在环境权益伦理方面首先要促使受教育者树立环境权益代内公平观念，尤其是要结合本校园的特点，强调不同的客体均平等地享有区内生态系统文化服务中的休闲娱乐服务的权利，教育客体在行使自身权利的时候不能损害其他客体的相关权利。

（2）环境权益代际内公平观念。环境权益代际内公平观念，具体到某一学校校园，即是主张地球上当代人类和未来人类也同样拥有享用本校园内生态系统服务功能的权利。在这方面，国民环境教育在环境权益伦理方面要教育开发者树立环境权益代际公平观念，实现资源和环境的永续利用。其中对于教育开发者，尤其是要结合本校园的特点，强调其在开发校园生态环境资源获取经济利益的同时要保护好环境和资源以及生态系统的平衡，教育其在行使自身权利的时候不能损害未来各代开发者的相关权利；对于高校学生，则重在教育其在享有保护区生态系统文化服务中的休闲娱乐服务权利同时保护好环境和资

---

① 戴星翼等. 生态服务的价值实现. 北京：科学出版社，2005：32-33.

源以及生态系统的平衡,在行使自身权利的时候不能损害未来各代高校学生的相关权利。

4. 社会组织伦理

社会组织伦理主要指与教育事业发展有关的社会组织或阶层,即一般意义上的"利益相关者"(Stakeholder)其正当的权益得到尊重和保护,这一伦理思想实际上体现了教育事业权益的"代内公平"(甘枝茂、马耀峰,2001)①,而基于社区的教育事业发展模式是这一伦理思想的有效表现形式。国民环境教育应使受教育者认识到这一组织伦理的重要性并形成相应的价值观或立场。

与教育事业开发相关的社会组织众多,这些组织均有各自的权益。国民环境教育则要使相关受教育者树立教育事业开发的社区参与与受益观念。其中,国民所在的社区这一组织,即社区居民或社区企业应被赋予参与教育事业开发并受益的权利。因此,国民环境教育要着力使受教育者(特别是当地的教育行政管理部门和教育事业开发商等)形成这一伦理观念,这是教育事业开发所追求的社会效益的重要内容,是教育事业开发可持续的重要保证因素之一。对于高校学生而言,形成此观念有利于使其对教育事业开发或管理方保持一定的监督意识或建议意识。

5. 消费伦理

消费伦理主要指消费主体(消费者)对消费客体(消费对象及其环境)、消费媒体(消费产品或服务的提供主体)以及其他消费主体所持有的伦理立场或关系观念。此观念同样存在着两个倾向:一个是带有消极色彩的消费至上主义,主张无节制或不计成本(包括环境成

---

① 甘枝茂,马耀峰. 旅游资源与开发. 天津:南开大学出版社,2001:366.

本和资源成本等）或不损害或牺牲其他消费主体的权益来满足自身的消费欲望；而另一个是带有积极色彩的理性消费主义，主张有节制的消费或资源节约型、环境友好型与团队合作型的消费。国民环境教育要指向于改变客体消费至上观念或使其形成理性消费观念，具体而言，要着重宣扬并力图使受教育者（主要是高校学生）树立关注他人的消费权益与消费便利观念及消费者的权利与义务对等观念。

（1）关注他人的消费权益与消费便利观念。这一观念意味着客体将其他客体纳入道德关系的范畴，并给予一定程度的关注和尊重。这实际上是一种人际伦理，然而这一人际伦理却对客体群体环境伦理观的外化有一定影响。不难理解，客体对其他客体缺乏"人际尊重"必然影响其自身以及其他客体对环境与自然的尊重。因此，国民环境教育要着力使客体形成这一人际伦理观念，此观念有利于使客体付出良好的人际礼仪，这是教育活动重要的"润滑剂"。显然，使客体具备关注他人的消费权益与消费便利观念是国民环境教育目标追求的应有之义。

（2）消费者的权利与义务对等观念。这一观念实际上是客体对消费权利与消费义务辩证关系进行诠释的结果。无论是《中华人民共和国宪法》还是《中华人民共和国消费者权益保护法》都对国民或消费者的权利与义务关系有明确的阐述。客体无论是作为一般国民还是作为教育消费者均无一例外地受到上述法律的调整。然而，这种对等观念需要重申和强化才能长久地固化在客体的心中。国民环境教育偏重于对客体义务的教育，因为现实中不是权利意识的缺失而是义务意识的缺失。这一义务尤以消费者的环境保护义务为主要义务形态。客体对义务的不作为可能最终导致教育消费对象的变质或消亡，导致当代甚至后代其他现实或潜在消费者相关权利的瑕疵或永久丧失。因此使客体具备消费者权利与义务对等观念同样是国民环境教育目标追求的应有之义。

五、行为

这里的行为是环境保护或低影响行为的简称。行为是知识、技能、伦理等内在素养或心智运算技能的外在表现。客体环境保护或低影响行为的付出是国民环境教育的外在行为目标,行为主要分为自律和他律两个方面,具体表现为垃圾处理及他人消极行为干预。

1. 自律行为

垃圾污染是校园活动过程中产生主要视觉污染之一,如客体随意弃置白色塑料袋所造成的校园"白色污染"。一般来说,国民环境教育的首要目标或直接目标即是要消除或减轻客体所造成的垃圾污染。虽然,这一外在行为目标与环境意识或环境伦理观念的形成比较而言,处于较低层次,但对于客体来说却有基础性的直接意义。

垃圾处理行为可进一步细化为自产垃圾处理和他人产垃圾处理。从正确处理方式的视野来看,前者是基础层次,后者是提高层次。换言之,在正确处理自产垃圾的基础上还能正确处理他人产垃圾的客体,比起单纯地正确处理自产垃圾的客体显示了更好的环境意识或更高的环境道德水平。

(1) 自产垃圾处理。顾名思义,自产垃圾处理是指客体对自身在旅游活动过程中所产生垃圾的处理行为。正确处理的方式是将垃圾投放于垃圾筒(箱),或根据提示对垃圾进行分类投放;而对于没有垃圾筒(箱)的比较原始的旅游地,"打包进、打包出"是值得提倡的处理方式。

(2) 他人产垃圾处理。他人产垃圾的处理行为实际是将其他客体(或某一客体以外的其他人员)未经正确处理的垃圾进行二次处理。处理方式包括提醒未正确处理垃圾人员进行重新处理,或不经过提醒环节而自身按照自产垃圾处理方式直接进行处理。

2. 干预行为

此处所指的干预行为是指受教育者付出的对他人问题行为的干预行为，客体以大学生为主。在行为目标里，他人消极行为干预这一领域比起垃圾处理行为领域来说具有更浓厚的公益色彩或外部性，与客体的环境法律意识有紧密关系，对客体自身来说有一定的风险性，体现了较高的环境行为层次，也体现了更高层次的环境教育价值追求。这一行为又可进一步细化为难度依次增大或成本依次增高的两种行为：对他人污染行为进行提醒和劝阻或举报针对保护对象的违法或犯罪行为。

（1）对他人污染行为进行提醒或制止。这里的"污染行为"主要指客体乱丢垃圾所造成的"视觉污染"以及客体、其他来访人员向水中倾倒生活垃圾或某些经营型客体（如小商贩等）向水中直接排放未经处理的生活垃圾。同时，这里的"提醒或制止"更重大污染行为发生或污染后果产生前的口头警醒、行为警醒或制止，具有预防或中止污染行为或现象的功效。

（2）劝阻或举报针对保护对象的违法或犯罪行为。某些学校所处的特殊地理位置使其成为某些动物的栖息环境或迁徙地，国家对相关动物也设立了相应的法律法规。大学校园内针对保护对象的违法或犯罪行为主要指对被保护的动植物及其栖息环境的捕杀、采摘及破坏行为。

此行为有两个层次，劝阻和举报（尤其是前者）是对违法或犯罪行为即将发生或正在发生然而结果尚没有产生的情况下的制止行为，具有预防或阻止违法或犯罪行为的功效；而举报往往是在劝阻无效或结果已经产生的情况下，为挽回损失或防止危害结果进一步扩大而采取的为公共利益而寻求公力救济的行为。

值得注意的是，一般客体非专业的执法人员，这一劝阻或举报行为可能招致违法或犯罪人员的报复，可能导致人身或财产伤害，具有更高的行为成本。因而，本目标行为层次较前者要高。

六、评价与建议

这里的评价与建议是指受教育者在接受国民环境教育后对相关的环境事件、环境开发行为等进行客观的评价或提出开发管理建议的行为。评价与建议主要包括两个方面：前者是指客体综合利用通过环境教育获得的环境知识、意识、伦理等心智运算原则和程序来对环境事件、环境问题、环境事项、环境管理等作出质量或属性方面的评价；后者主要是指客体在对国民教育事业开发或环境管理等事项在明示或暗示、主动或被动评价的基础上，形成对事项改进或提高的建设性意见。

在国民环境教育中，受教育者评价与建议能力的获取和特定行为的付出是环境教育的重要目标之一，属较高层次的教育目标，这一由环境知识、意识、伦理、行为等共同作用的个体行为可能影响或改变其他环境行为主体的决策，因而具有一定的现实意义。一般来说，评价与建议主要包括偏好品质或性质评价以及管理与服务建议两个方面的内容。

1. 偏好品质或性质评价

完整意义上的偏好品质或性质评价不但能表明喜好倾向，还能表达出喜好的原因。偏好评价的范围甚广，可以说包含日常工作生活中的"食住行购娱"的各个方面。比较重要的评价主要包括对动植物偏好的评价、对积极的环境行为的评价、对消极的环境行为的评价三种。这三种评价的主体一般以高校学生这一特定的客体为主。

（1）对动植物偏好的评价。我国拥有众多典型的动植物群落，因此对特定动植物的偏好评价可以说是某一特定地域颇具特色的偏好评价之一。这一偏好评价包括对某一动植物种类或种群的喜好以及对喜好原因的正确表达。当然，偏好对象本身的大小、色泽、形态是常见的偏好因素，而偏好对象所承载的文化意义，尤其是科学研究意义及生态学意义（如鸟类对植物种子传播功能等）则是更高层次的偏好因素。当然，喜好的原因也可能包括熟悉度、"上学前"对偏好对象的知识积累或情感滋长。从某种程度上讲，民众的偏好原因不同可能在一定程度上表明了其偏好的层次或档次上的差异。因此，在评价上将会出现赋值上的差异，因而也就显示出了环境教育目标实现程度的差异。

（2）对积极环境行为的评价。此处积极的环境行为是个广义的环境行为概念，包括资源节约型行为和环境友好型行为以及人际友好型（人与人之间互为广义的环境）行为。民众能依据相关知识、伦理及准则等对此类行为形成自己基本的肯定判断，既能表明明确的支持或欣赏态度、情感倾向，又能分析各种行为的价值或意义。

（3）对消极环境行为的评价。与上述对积极环境行为的评价相对应，此处消极的环境行为也是广义的环境行为概念，包括资源浪费型行为和非环境友好型行为以及非人际友好型行为。高校学生能依据相关知识、伦理及准则等对此类行为形成自己基本的否定判断，既能表明明确的反对或摒弃的态度或情感倾向，又能分析各种行为的危害。

2. 管理与服务建议

管理与服务建议指客体在接受国民环境教育后，综合运用相关伦理、知识、技能等，结合个人观察、感知、体验、聆听等直接或间接经验，对单位或部门的管理与服务的内容、形式等提出改进建议。它主要包括以下三种：环境教育效果优化建议、管理服务改进建议、单位（部门）管理改进建议。

（1）环境教育效果优化建议。即在环境教育的内容、方式、时机、技术等方面提出合理化建议以优化环境教育的效果。在上述三个建议中，环境教育效果优化建议具有典型意义，因其与国民环境教育有最为密切的关联，从某种意义上来说，环境教育效果优化建议的提出过程实际上也是客体对环境教育和再认识过程，其本身也是一个再次接受环境教育的过程。

（2）管理服务改进建议。即对服务的内容、方式、时机，包括服务人员的礼仪、态度、行为等方面提出合理化建议以改进服务的质量。该建议虽然与国民环境教育目标没有直接关联，然而根据国民环境教育与服务的逻辑关系，国民环境教育也是学校教育教学中的一种基本服务或是服务的一部分，或是国民环境教育是通过服务过程来实施的，因而服务改进建议与国民环境教育效果有间接的联系，该指标在一定程度上可以作为国民环境教育的目标之一。

（3）单位（部门）管理改进建议。即对单位（部门）管理的内容、方式、制度或规章、收费，包括管理人员的礼仪、态度、行为等方面提出合理化建议以改进管理的效能。该建议与服务改进建议一样，虽然与国民环境教育效果没有直接的关联，然而根据国民环境教育与校园管理的逻辑关系，国民环境教育是单位（部门）（特别是学校校园）环境管理内容的组成部分，国民环境教育本身是一种间接的学生管理手段或措施，国民环境教育在一定程度上是通过校园管理过程来实施的，因而与服务改进建议一样，校园管理改进建议与国民环境教育效果有间接的联系，该指标同样在一定程度上可以作为国民环境教育的目标之一。

七、意愿

在心理学上，意愿（Willingness）是指将来付出某一行为或接受某种行为后果的心愿。在生态经济研究领域，学者们常用支付意愿或接受赔偿意愿来评估某一资源的货币价值。在校园接受环境教育的客体，其意愿可能是多样的，如充当环保志愿者的意愿、担当义务讲解员的意愿、进行财物捐赠的意愿等。由于各种条件的限制，客体的意愿并不必然导致相应行为的付出。然而，单是意愿有无的本身却可以在一定程度上用来衡量国民环境教育目标达成的程度。

意愿目标主要针对学生这一特定的客体。学生在接受国民环境教育后所形成的意愿主要包括：捐赠意愿、"毕业后"进行环境学习的意愿、"毕业后"参加环保型消费活动意愿。

1. 捐赠意愿

捐赠意愿中的捐赠一般有不同的捐赠目的、对象、标的及额度。就大学校园这类区域而言，可能的捐赠主要包括对校园内基础设施建设的捐赠、对校园内贫困人员的扶贫捐赠、为校园募集环境保护资金而进行的环保公益捐赠等。下列两种捐赠意愿应该作为衡量国民环境教育目标达成程度的指标之一。

（1）环保公益捐赠意愿。环保公益捐赠主要指目的为国家或区域的污染治理、生态维护或修复及相关综合治理筹集资金所进行的捐赠。

（2）扶贫活动捐赠意愿。即对所在单位（部门）内贫困人员的进行扶贫捐赠的意愿。这里的贫困人员既包括校园内的教工和学生，也包括校园周边社区乃至生态经济区内的居民。其中那些在"人兽争食"（如鄱阳湖保护区的"人鸟争食"）中为了保护动物的生存而放弃或牺牲自己利益的贫困人员是本捐赠意愿的重点捐赠对象。

国民环境教育共生机制

2. "毕业后"进行环境学习的意愿

鉴于在"意识"中已设立了"环境学习"指标,为避免内容的重复,此处的"毕业后"进行环境学习的意愿专指在校学生"毕业后"在其所进入的更高层次的学校或社会中继续从事环境学习的意愿。具体地说,"毕业后"继续从事环境学习意愿主要是指在校学生在校园接受到相关知识和技能等教育后,具备了一定的环境意识(包括环境学习意识),产生了持续的对环境知识等持续获取的愿望。

3. "毕业后"参加环保型消费活动的意愿

"毕业后"参加环保型消费活动意愿特指在校学生这一客体在感受了国民环境教育的环保性、教育性、参与性等特性后,对环境教育在态度上产生了一定程度的认可和肯定,甚至在情感上产生了喜爱,由此而引发了进一步参加环保型消费活动(如生态旅游活动)的愿望。其具体地表现为在校学生愿意"毕业后"再次或多次参加环保型活动的意愿。当然,此处的"环保型消费活动"是个广义的概念,主要包括各种形式的消费活动,如森林生态旅游、海洋生态旅游、乡村生态旅游等。当然,这里的"两次或多次"不排除对消费地一次或多次环保型"故地重游"。

第五节 资源

环境教育资源可作为实施环境教育的资源依托,或作为打造环境教育特色的资源基础（陈水夏，2008）①。国民环境教育的主体依据环境教育的目标，根据受教育者的智力和非智力因素，挖掘和整理环境教育资源，向受教育者传达环境教育信息。在很多情况下，国民环境教育资源的数量和质量往往决定了环境教育效果的优劣。

一、国民环境教育资源等相关概念的定义与内涵

由于国民环境教育是广义教育活动的组成部分，显然，国民环境教育资源是广义教育资源中的一部分。国民环境教育资源的定义可以进行这样的界定：自然界和人类社会凡能对客体产生吸引力，可以为国民环境教育活动所开发利用，并可产生经济效益、社会效益和环境效益的各种事物和因素。

二、教育资源、国民环境教育资源二者的关系

显然，从教育资源到国民环境教育资源，内涵逐渐增大，而外延逐渐缩小，二者的关系为整体与部分的关系（详见图4-1）。二者的关系提示了这样一个事实：并非所有的教育资源均可用作环境教育资源。那些单纯用于一般性知识和技能等教学却并无环境教育意义的教育资源不能算作环境教育资源。

对于国民环境教育资源可以给出一个更为清晰的描述：凡符合生态学原理，不论其为自然或人造生态系统，如具有教育客体热爱自然、保护自然的功能，就可纳入国民环境教育资源的范畴。

国民环境教育资源包括自然生态系统资源、植物群落分布特征、人文生态系统资源、民族的多样性、宗教信仰的多样性、排污系统、

---

① 陈水夏. 整合环境教育资源形成环境教育特色. 环境教育，2008（7）：15.

节能环保设施设备资源（如太阳能路灯、风能路灯、节能车辆、节能灯具、节能空调、食堂可降解型饭盒等）、人物性资源、节能环保标兵的事迹、事件性资源（如环境污染性事件等）、社区传统生态文化，等等。

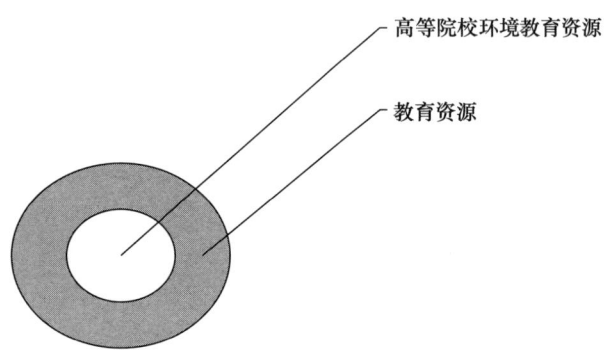

图4-1 高等院校环境教育资源与教育资源的关系示意图

三、国民环境教育资源的分类

关于国民环境教育资源的分类有众多分类方法，比较典型的分类方法如下：

1. 正面环境教育资源和反面环境教育资源

根据教育方式的正面性与反面性，可将国民环境教育资源分为正面环境教育资源和反面环境教育资源两大类。

现实中大量的国民环境教育资源具有典型的正面教育意义，因而构成了国民环境教育资源的主体。然而，也存在着某些具有典型反面教育意义（警示教育等）的国民环境教育资源，它们也是国民环境教育资源的有机组成部分。例如，其中，一些退化的生态系统（如我国

第四章　国民环境教育共生机制的系统构成

的黄土高原、沙漠戈壁等）（毛振宾等，2002）①、遭受人为破坏的环境、遭受人为侵害的动植物等，均可以作为反面教育的素材。

2. 显性环境教育资源和隐性环境教育资源

根据教育资源呈现方式的可感知性（尤其是可视性）与非可感知性，可将国民环境教育资源分为显性国民环境教育资源和隐性国民环境教育资源（符史杭等，2008）②或物化的与非物化的国民环境教育资源。前者如动植物、人造环境（Built Environment）（Sarah 2001）③、服饰文化（韩梅，2004）④、饮食文化（林宪生，2004）⑤等；后者如当地知识（Indigenous Knowledge）（Lynette 等，2004；Azelvandre and John Paul，2001）⑥⑦的生态学思想（Ecological Thought）、玛丽亚女神崇拜（Mother Goddess Worship Maria）（Priska Ondrich，2006）⑧、传统生态文化（郝珺，2006）⑨、宗族和谐伦理（王玮，2007）⑩、自然保护区管理局专家的工作经历、大学相关专业教师的工作经历、属地政府管理人员的工作经历、周边社区群众的生活生产经验等。

---

① 毛振宾，曹志平，赵彩霞. 生态旅游与旅游生态学的研究进展. 环境保护，2002（2）：29.

② 符史杭，梁伟，王峻玉，叶芳云. 东寨港国家级自然保护区环境教育资源库简介. 考试周刊，2008（33）：120－121.

③ Sarah L. Lehman. The built environment as a tool for environmental education. ASES Annual Conference, and the 26th National Passive Solar Conference, Washington, D. C., USA, 2001：321－327.

④ 韩梅. 服饰文化与环境教育. 环境教育，2004（11）：13－14.

⑤ 林宪生. 饮食文化视角的环境教育. 环境教育，2004（3）：41－42.

⑥ Lynette Sibongile, Masuku Van Damme, Edgar Fulufhelo Neluvhalani. Indigeno－us knowledge in environmental education processes: perspectives on a growing research arena. Environmental Education Research, 2004, 3（10）：231－237.

⑦ Azelvandre, John Paul. Forging the bonds of sympathy: Spirituality, individualism and empiricism. In The ecological thought of Liberty Hyde Bailey and its implications for environmental education, New York University, 2001.

⑧ Priska Ondrich. Environmental education through Mother Goddess worship. International Conference on Environmental Management（ICEM'05），2006：333－339.

⑨ 郝珺. 以传统生态文化提升我国的环境教育. 南阳师范学院学报，2006（4）：36.

⑩ 王玮. 徽州宗族和谐伦理教育对当今旅游环境的影响. 度假旅游，2007（2）：45.

3. 人力型国民环境教育资源和非人力型国民环境教育资源

根据教育资源的人力依赖属性，可将国民环境教育资源分为人力型国民环境教育资源和非人力型国民环境教育资源或国民环境教育人力资源和国民环境教育非人力资源。

人力型国民环境教育资源如教师、校园旅游讲解人员、社区居民等，当然也包括客体自身（这种情况发生在有相关知识或技能的客体主动充当环境教育志愿者或一客体对另一客体环境行为的干预）；非人力型国民环境教育资源如多媒体解说系统、植物解说牌等。如果与前述的国民环境教育的主体、客体、媒体相对应，国民环境教育人力资源主要包括主体型和客体型资源（以前者为主），而国民环境教育非人力资源则主要包括媒体型资源。其中主体型和客体型资源具有重要的管理学和教育学意义，即国民环境教育要有充分的人力资源保障，尤其是教育主体的数量、知识背景、环境伦理、环境教育意识、环境保护技能是这一保障的几个重要的维度；而通过有效的环境教育使教育客体向教育主体转化，这是国民环境教育目标实现的高级层次。

有一对概念容易产生混淆，因此有必要进行一定的辨析，即环境教育主体 vs 环境教育人力资源。环境教育主体只是环境教育的履行者，他不一定能成为管理学意义上的人力资源，如当他不具备上述几个维度的心智属性时，充其量只是有"人员"而无"人力资源"；相反，只有当他具备上述几个维度的心智属性时，他才能转化为环境教育人力资源。

第五章 国民环境教育共生机制的子机制及共生种类

第一节 国民环境教育机制中的子机制

一、构成

根据前文对国民环境教育机制定义的界定,国民环境教育共生机制一般包括如下14个子机制,分别为国民环境教育政策制度调控约束子机制、国民环境教育规划(计划)子机制、国民环境教育主体的联动和参与子机制、国民环境教育客体的联动和交流子机制、国民环境教育媒体的综合利用子机制、国民环境教育资源的综合发掘子机制、国民环境教育内容与目标设计的协调子机制、国民环境教育时空联动子机制、环境行为的引导和监控及奖惩子机制、国民环境教育组织保障子机制、国民环境教育经费保障子机制、国民环境教育的人力资源保障子机制、国民环境教育的科研保障子机制、国民环境教育的对外合作交流子机制(见图5-1)。

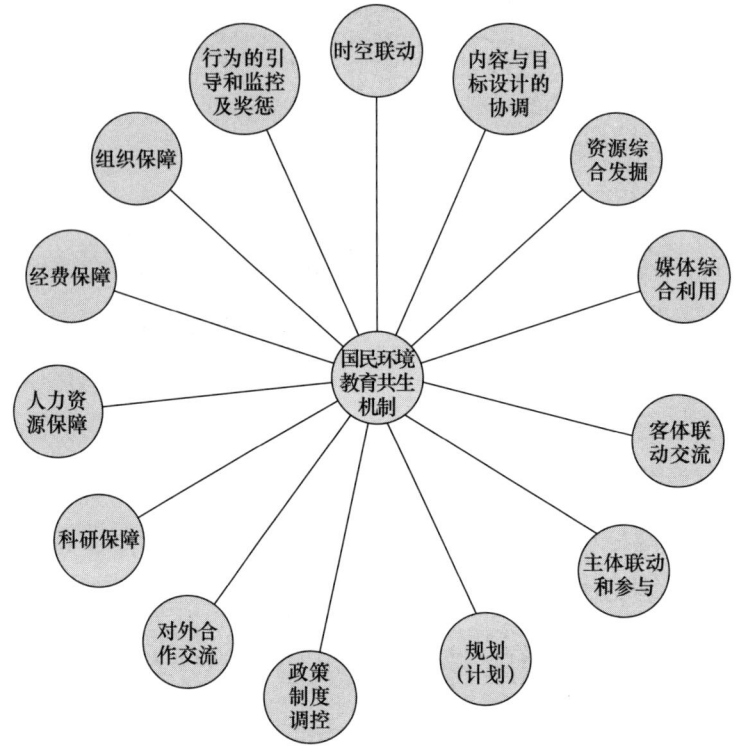

图 5-1 国民环境教育共生机制之子机制图谱

二、主要子机制的内涵

国民环境教育有着不可替代的助推生态文明建设的功能，其功能的实现必须通过围绕国民环境教育目标而构建的各个子机制（教育要素）基于一定的调控规律和方式而相互作用、相互联系所形成的工作系统，即一个完善的国民环境教育促进和保障机制。下面探讨如下几大子机制：

1. 相关政策法规制度调控约束子机制

在政策法规制度调控约束机制层面，国家和地方政府从环境教育形式、内容等层面通过相应的政策、法律和制度途径来使环境教育成为相关国民的法定或约定义务，建立起国民环境教育效果评价体系及配套的奖惩体系，可使负有环境教育义务的主体对开展环境教育产生应有的压力和动力，调动其积极性和主动性。如此，国民环境教育从立法意义的源头上就有一种"先天之气"。

2. 国民环境教育经费保障子机制

上述政策法规调控约束机制的建立可使国民环境教育获得应有的法律地位，并进一步导致国民环境教育经费保障机制的建立，具体表现在环境教育经费的来源既有刚性的规定又有弹性的指导，避免因单位首长或决策层的生态自觉和生态意识的多样性和差异性的缺失而使环境教育的投入（经费来源）丧失稳定的保障。足够的经费又可为环境教育的设施建设和人员培训提供坚实支撑。

3. 国民环境教育系统规划（计划）子机制

国民环境教育的系统规划包含对教育设施、客体、教育内容、教育方法等的总体谋划和全面部署，这一总体谋划和全面部署应着力克服国民环境教育中客体的片面性（仅局限于对学生的教育，而忽视了对其他客体如教师、行政管理服务人员和社区居民等的教育）、教育内容的浅表性（对民众的环境教育仅停留在提醒他们如何避免践踏草地等的低级层次上）和教育手段的零散性（大多以贴近地面的警示牌为主，没有形成系统的、科学的景区环境解说系统）。

4. 环境行为的引导和监控及奖惩子机制

为使客体付出资源节约型和环境友好型工作生活行为，并为防止危害结果的发生或避免危害结果的扩大，国民环境教育应以环境知识、环保技能等的传授以及对其行为的引导、监控和干预为必要内容。国民环境教育主体对客体环境行为的引导、监控和干预绝不能"不作为"而允许放任自流的现象普遍存在,否则将产生"垃圾文化""白色污染"等非生态化现象或消极后果。

5. 国民环境教育主体的联动和参与子机制

国民环境教育具有"全程全网性",教育活动涉及到客体工作生活的"衣食住行"等诸多要素,而且涉及教师之外的其他多元教育主体(如管理服务人员、大众传播媒体、科研机构等),前者以课程或"课中"教育为主,后者则以"课后"和"生活"教育为主。要避免对"课中"教育和"课后"环境教育的不均衡问题。

6. 国民环境教育客体的联动和交流子机制

环境学习体验是社会建构的。尽管从表面上看,它是客体的主观感受,是客体自己的事情。但实际上,学习体验受其"学前"所接受的环境教育、所处的校园生态文化、所学习的专业等影响。所以,环境学习体验在很大程度上是社会建构的产物,并且总是以一种复合的方式被建构。在传统观念中,环境学习吸引物是一个客观的、绝对的客体,它的存在不以人的意志为转移;但从建构主义的角度看,环境学习吸引物是社会建构的产物。也就是说,一个环境学习吸引物之所以能成为吸引物,不仅因为其具有客观属性,同时因为它具有人为建构的符号属性,环境学习吸引物被赋予了特定的社会价值和意义,是一个被投射了社会文化的、用于客体从事"学习凝视"的由知识、技能、伦理等要素整合而成的学习对象综合体景观。依据现象学解释,环境学习世界不是客观科学或宇宙论意义上的世界,它是作为学习主体从其特殊身份、立场、视角体验到的主观和相对的世界。客体对学习对象综合体的建构可以通过"学前"接触综合体标志和分享他人学习体验、"学中"进行综合体实地情景学习与互动、"学后"对历时综合体现实的叙说和与他人进行体验分享的方式进行。环境学习体验的建构过程实质上是一种多主体、多层次、多角度的，具有符号的、象征意义的环境学习真实性的社会建构过程。

7. 国民环境教育的科研保障子机制

国民环境教育涉及生态学、教育学、心理学、传播学等诸多学科，为达成最优化的教育效果，必须在机制建设上获得来自上述学科的理论指导，包括在国民环境教育目标的制定、教育内容的设计、教育方法的选择、教育媒体的选择等方面要寻求相关学科经典理论的基础指导，并及时运用其最新研究成果。

8. 国民环境教育的人力资源保障子机制

事实上，各级各类学校的广大教师是国民环境教育的主力军，人员众多，学科背景全面。但从人员组合提升为人力资源，还必须着力提高师资队伍的环境知识、环境意识、环境教育意识，使现有的教育劳动力大军演变为国民环境教育的人力资源大军。尤其要杜绝这些人力资源大军在自身的日常行为中造成的资源浪费、环境和景观破坏乃至生态破坏，发挥自身"身教"的作用。从目前的情况来看，我国国民环境教育的人力资源建设还任重道远。

第二节 国民环境教育机制共生的种类

理论上讲，完整意义的共生机制应该包括机制内要素内部的共生以及要素与要素之间的共生，机制要素内部之诸亚要素以及要素之间交互作用形成复杂的、多矢量的网状结构，共同围绕着环境教育目标而形成复杂的共生关系，共生度的高低（共生指数的大小）往往决定了国民环境教育的效果的优劣。

一、机制要素内部共生

根据上述论述，国民环境教育共生机制中有十多种要素，各个要素的内部组成单元在不同的种类、层次、空间等之间形成互动，产生一种共生关系。如不同的国民环境教育主体教师、专家、学者、环保志愿者、社会公众人物等形成产生互动和协作。具体到更细的层次，教师子主体内部也产生相应的互动协作，具体为大学教师、中学教师、小学教师等教师主体之间在实施国民环境教育的过程中实现时间和空间上的互利共生。其他要素如客体、媒体、内容和目标等内部的互利共生依此类推。

二、要素之间的共生

根据上述论述，国民环境教育共生机制的十多种要素之间也会在时间、空间等属性方面形成互动，形成一种共生关系。如不同的国民环境教育主体在主体与客体之间、主体与媒体之间、客体与媒体之间、主体与内容和目标之间、客体与内容和目标之间产生一种富有建设性的互动或整合。这一共生较之于机制要素内部的共生要复杂得多，因为必然存在着一个要素与多个要素共生的情况。事实上，要素之间的共生关系是一种复杂的网络关系，我们可称之为共生网络（见图 5-2）。

第五章 国民环境教育共生机制的子机制及共生种类

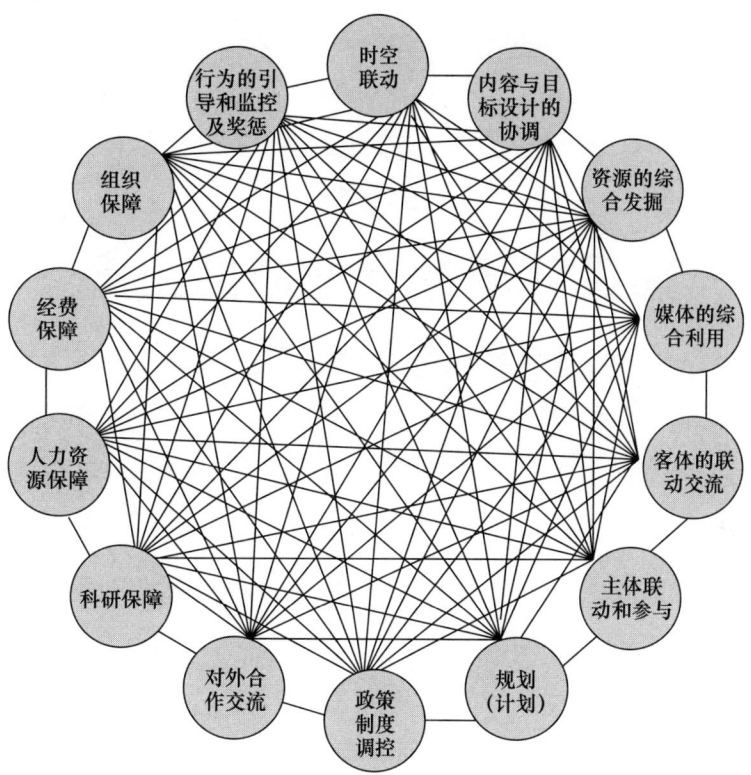

图5-2 国民环境教育共生子机制交互关系示意图

第六章
国民环境教育机制共生度评价的理论探讨

国民环境教育机制共生度评价是对国民环境教育机制系统内的主体、客体、媒体、利益相关者、内容与目标、教育干预与行为监控等要素内部及要素之间的共生程度所进行的评价。这一定量评价涉及如下几个问题：一是评价指标体系的建立；二是评价指标权重的确立；三是评价模型的建立；四是评价指标值的测量；五是评价结果的等级设定和结果分析。本章只在以下三个方面进行理论上的探讨。

第一节 指标体系构建的一般要求

指标的作用是帮助人们判断理解某一事件或某一现象随时空的变化程度（倪天麒、王伟，2000）[①]。为提高指标对这一变化程度反映的精确度，以下三点要求必须强调：

第一，尽量使指标测量结果定量化。依据对事物反映精确程度的

[①] 倪天麒，王伟. 城市环境容载力及其计量方法初探. 干旱区地理，2000，23（4）.

不同，指标可分为定性指标与定量指标。定性指标是对事件变化或状态的粗略反应，通常以文字描述；定量指标则是对事件状态与变化的精确反应，通常以数字表达。在进行定量评价时，应通过某种转换形式，使定性指标定量化；同时，对不同量纲的指标应进行标准化处理，使指标之间具有可比性，并便于对全部指标值进行数理统计。

第二，指标应具有层次性。应使指标在主类、亚类、基本类型等分层上显示明显的级别和次序，以便使人们方便地把握指标体系的结构和层次。指标层次的确定一般有"下行法"和"上行法"：前者是按从高到低的次序来安排不同指标的层次；后者则相反，按从低到高的次序来对下位指标进行分类和提炼，以获得和确定上位指标的名称和内涵，数理统计中的聚类方法在对指标群提取公因子以提炼上位指标方面是一个很好的工具。

第三，指数的数量要适中。指标并不是选取得越多越好。指标选取得多一些可较全面地反映一个事物的特征，但指标选取太多，有时反而不能抓住重点。因此在指标选取上，应根据指标的层次性、方向性原则，根据研究目标有重点地筛选一些有用的、必要的指标，而不一定要面面俱到。

第二节 指标选取的方法

国民环境教育机制构建共生度评价指标的选取应以生态学、教育学、管理学等学科理论等为基础，要在保护、教育、体验、素质等总体框架下具体考虑。

本书讨论的国民环境教育机制构建共生度评价指标，是综合考虑理化因素（如国民日常活动对活动场所动植物等的环境冲击等）、社会因素（如学校或其他组织对周边居民及相关企业经营管理者的环境教育等）、经济因素（如政府或其他组织对环境教育的投入、环境教育的成本）等。当然，最主要的是围绕国民环境教育效果提升这一核心目标视角，从国民环境教育的制度安排、规划设计、组织建设、资金投入、内容与目标设定等方面来进行指标的探讨。

第三节 指标构建的路径及流程

一、路径

本书认为国民环境教育机制建设共生指数评价指标体系的建立要以科学理论为指导，既能反映出国民环境教育活动在社会、经济、环境中的现状、地位及作用，又能全面衡量环境教育受各个方面因素的动态影响。我们参考该领域的研究成果及我国当前的具体国情，构建国民环境教育机制共生度评价指标体系。指标体系构建流程如图 6-1 所示。

二、流程

1. 第一轮开放式调查

依据头脑风暴法（鞠强，2003）①，笔者于 2013 年 5 月 1 日邀请来自江西省生态学会、江西省环境保护教育宣传中心、江西省发展改革委员会、江西鄱阳湖国家级自然保护区管理局、共青团江西省委员会、

---

① 鞠强. 来一场中国式头脑风暴. 企业管理，2003（5）：50-51.

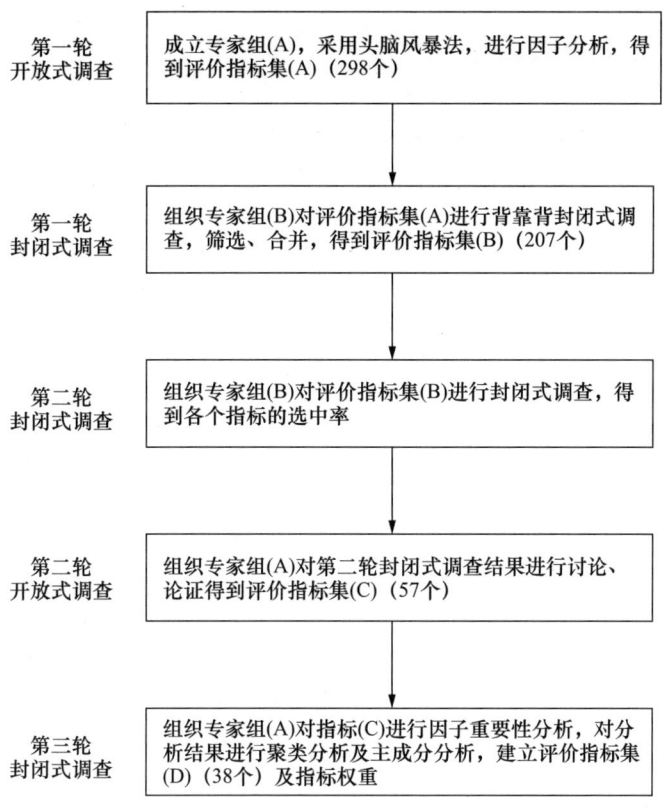

图 6-1 构建指标体系流程

共青团江西财经大学委员会、江西财经大学的生态文明与现代中国研究中心等机构（包括学生工作处、教务处、后勤管理处、园林管理处、工会、旅游与城市管理学院等）、江西师范大学环境教育中心、南昌大学环境教育中心等专业领域的 24 名专家组成指标体系构建专家组（A）。

第一轮调查以电子邮件的方式向专家组（A）成员进行开放式调查（吴增基等，2003）[①]，在专家自由发挥各自所长的基础上得到由 298 个评价因子组成的国民环境教育机制建设共生指数评价指标体系（A）（问卷表见附录1，限于篇幅，指标体系（A）略去）。

---

① 吴增基，吴鹏森，苏振芳. 现代社会学（第二版）. 上海：上海人民出版社，2001.

2. 第一轮封闭式调查

以该298个指标为基础设计调查问卷，于2013年5月6日增加来自江西省旅游局、江西省林业局、江西财经大学人文学院、江西财经大学附中（小）、南昌市青山湖区蛟桥镇政府、江西润田矿泉水公司、江西晨鸣纸业有限责任公司等行政企事业单位的24名专家，组成由48名专家组成的专家组（B），再次以电子邮件的方式对上述298个指标进行背靠背式的封闭问卷调查（陆军等，2003）①，发放问卷48份，回收问卷48份，其中有效问卷48份。对专家的选择情况进行统计。

根据上述统计结果，剔除选中率在75%以下的指标。并根据部分专家建议，将部分含义相近的指标进行合并或删除，如将资源问题忧患意识、生态问题忧患意识和动物濒危忧患意识三个指标合并为环境问题忧患意识；将指标交通工具污染物排放现实性认知、日常食物和饮用水等消耗现实性认知、日常生活废弃物排放可能性的认知等合并为对环境污染、资源消耗、生境干扰等的敏感意识；将指标"通过倾听同学或校友谈话进行环境学习的意识"合并至指标"主动学习意识"；将指标动物保护意识和植物保护意识两指标删除，因动植物及其生境保护意识这一指标包含上述两指标的内容；最后，得到由207个指标构成的国民环境教育机制构建共生度评价指标体系（B）（见附录2）。

3. 第二轮封闭式问卷调查

2013年5月7日再次以电子邮件的方式向上述专家组（B）进行第二轮封闭式问卷调查。发放问卷48份，回收问卷48份，其中有效问卷48份。对专家的选择情况进行统计，得到指标体系（B）中各个指标的选中率。

---

① 陆军，周安柱，梅清豪. 市场调研. 北京：电子工业出版社，2003.

4. 第二轮开放式问卷

2013年5月11日再次召开专家组（A）会议，就第二轮封闭式问卷调查结果进行讨论。经过讨论、论证形成由57个指标构成的国民环境教育机制共生度评价指标体系（C）（见附录3）。

5. 第三轮封闭式调查

2013年5月11日组织专家组（A）对指标（C）进行因子重要性分析（调查表见附录4、附录5），对分析结果进行聚类分析及主成分分析，从而最终形成了包括14个准则、26个领域、38个4级指标组成的评价指标体系（D），并经过统计确定了各层指标集中的指标权重（见表6-1）。该评价指标体系可用于国民环境教育机制构建共生度评价的实证研究。

表6-1 国民环境教育机制建设共生指数评价指标体系（C）

第一层 （目标层A）	第二层 （准则层B）（权重）	第三层 （领域层C）（权重）	第四层 （基础层D）（权重）
国民环境教育机制构建共生度A	国民环境教育政策制度调控约束子机制 B_1（0.0872）	制定环境教育制度 C_1（1）	各级组织制定和完善环境教育制度 D_1（0.3678）
			学校制定环境类课程修学制度 D_2（0.6322）
	国民环境教育规划（计划）子机制 B_2（0.1128）	制定环境教育规划 C_2（1）	各级组织制定环境教育规划（计划）D_3（1）
	国民环境教育主体的联动和参与子机制 B_3（0.1282）	教师类主体 C_3（1）	学校教职工全面参与环境教育 D_4（1）
	国民环境教育客体的联动和交流子机制 B_4（0.0385）	学生类客体 C_4（0.6321）	全校所有学生接受环境教育 D_5（1）
		教师类客体 C_5（0.3679）	全校所有教职员工接受环境教育 D_6（1）

续表

第一层 （目标层 A）	第二层 （准则层 B）（权重）	第三层 （领域层 C）（权重）	第四层 （基础层 D）（权重）
国民环境教育机制构建共生度 A	国民环境教育媒体的综合利用子机制 B_5 (0.0667)	纸质媒体 C_6 (0.2012)	利用纸质材料进行环境教育 D_7 (1)
		活动性媒体 C_7 (0.2077)	利用课堂教学进行专题或渗透式环境教育 D_8 (1)
		技术性媒体 C_8 (0.3008)	利用广播进行环境教育 D_9 (0.2866)
			利用互联网进行环境教育 D_{10} (0.7134)
		解说性媒体 C_9 (0.2903)	利用生态知识解说牌进行环境教育 D_{11} (0.6548)
			利用环境行为警示牌进行环境教育 D_{12} (0.3452)
国民环境教育机制构建共生度 A	国民环境教育资源的综合发掘子机制 B_6 (0.0526)	生态环境资源 C_{10} (0.4876)	发掘生物群落分布特征内涵制作环境教育材料 D_{13} (1)
		设施设备资源 C_{11} (0.3722)	发掘设备设施和用品的环保内涵制作环境教育材料 D_{14} (1)
		文化资源 C_{12} (0.1902)	发掘社区传统生态文化制作环境教育材料 D_{15} (1)
	国民环境教育内容与目标设计的协调子机制 B_7 (0.1064)	知识目标 C_{13} (0.1730)	传播生态和环境知识 D_{16} (1)
		技能目标 C_{14} (0.1987)	传授垃圾处置技能 D_{17} (0.2311)
			传授节能降耗技能 D_{18} (0.7689)
		意识目标 C_{15} (0.3291)	加强对环境保护义务的感知 D_{19} (0.3434)
			加强对自身环境影响的感知 D_{20} (0.6566)
		伦理目标 C_{16} (0.3019)	树立人与自然平等关系的观念 D_{21} (0.3114)
			树立文化多样性的观念 D_{22} (0.1145)
			树立关注他人休憩便利的观念 D_{23} (0.3023)
			树立关注他人消费便利的观念 D_{24} (0.2718)

续表

第一层 （目标层 A）	第二层 （准则层 B）（权重）	第三层 （领域层 C）（权重）	第四层 （基础层 D）（权重）
国民环境教育机制构建共生度 A		意愿目标 C_{17}（0.0973）	学生形成毕业后继续从事环境学习的意愿 D_{25}（1）
	国民环境教育时空联动子机制 B_8（0.0782）	空间互动 C_{18}（1）	学校环境教育与社会环境教育对接与联动 D_{26}（1）
	国民环境行为的引导和监控及奖惩子机制 B_9（0.0410）	行为引导 C_{19}（0.5022）	引导节约行为 D_{27}（0.5439）
			引导关注他人便利行为 D_{28}（0.4561）
		行为监控 C_{20}（0.1597）	安排志愿者监控环境行为 D_{29}（1）
		行为结果激励 C_{21}（0.3381）	对积极的环境进行奖励 D_{30}（0.7012）
			对消极的环境进行惩罚 D_{31}（0.2988）
国民环境教育机制构建共生度 A	国民环境教育组织保障子机制 B_{10}（0.0679）	机构设置 C_{22}（1）	设立各个级别的环境教育专（兼）机构 D_{32}（1）
	国民环境教育经费保障子机制 B_{11}（0.0526）	经费安排 C_{23}（1）	各级组织应安排环境教育专项经费 D_{33}（1）
	国民环境教育的科研保障子机制 B_{13}（0.0487）	科学研究 C_{24}（1）	为环境教育目的加强教育学、心理学等理论研究 D_{34}（1）
	国民环境教育的人力资源保障子机制 B_{14}（0.0923）	主体保障 C_{25}（1）	招聘、调入或聘请生态学（环境科学）类专业师资作为环境教育主体 D_{35}（0.6431）
			吸收学生参与环境教育 D_{36}（0.3569）
	国民环境教育的对外合作交流子机制 B_{15}（0.0269）	对外合作与交流 C_{26}（1）	国内环保组织接受国外环保组织来访并进行相关的项目合作 D_{37}（1）
			国内环保组织或个人赴国外进行相关交流或进行相关的项目合作 D_{38}（1）

三、指标体系合理性检验

本书采用两种方法来检验指标体系的合理性,即检验聚类结果的合理性,一是检测类中心相互的欧氏距离,二是进行单因素方差分析(ANOVA)。聚类后两大类的类中心之间的欧氏距离初始权重的平均差距为63.689,这说明不同类之间初始权重值差异明显。从单因素方差分析的检验结果来看,针对两个变量的方差分析的p值均小于0.05,说明两类指标的初始权重确实存在显著差异,也说明该分类效果是比较显著的。

1. 指标构成

国民环境教育是国民教育与环境教育的耦合界面,而机制建设的共生指数是作为判断国民环境教育系统内各要素是否协调的尺度。因此评估一个国民环境教育机制建设的共生程度,选择的指标必须反映要素的自身状况以及要素与要素、要素群与要素群之间的复杂联系。

2. 指标特点

对表6-1中准则层中的14个准则、26个领域、38个指标的权重比较可发现如下几个特点:

(1) 准则层(第二层)指标体系特点。在重要性方面,这些领域的排序如下:环境教育主体的联动和参与子机制 B_3 > 环境教育规划(计划)子机制 B_2 > 环境教育内容与目标设计的协调子机制 B_7 > 环境教育的人力资源保障子机制 B_{14} > 环境教育政策制度调控约束子机制 B_1 > 环境教育时空联动子机制 B_8 > 环境教育组织保障子机制 B_{10} > 环境教育媒体的综合利用子机制 B_5 > 环境教育资源的综合发掘子机制 B_6 > 环境教育经费保障子机制 B_{11} > 环境教育的科研保障子机制 B_{13} > 环境行为的引导和监控及奖惩子机制 B_9 > 环境教育客体的联动和交流子机制 B_4 > 环境教育的对外合作交流子机制 B_{15}（见图 6-2）。

进一步分析表明，在专家们看来，不同环境教育主体的联动和参与是国民环境教育机制建设中的最重要内容；不同组织制定环境教育规划可系统性地对环境教育活动进行整体构思和设计，因此其重要性仅次于不同环境教育主体的联动和参与，位列第二；环境教育内容与目标设计协调子机制的重要性高出于其他大部分的指标，环境教育的内容谱系包括从知识、意识、伦理到意愿等的方方面面；环境教育的开展必须要有坚实的人力资源保障，这一点，专家们也获得了普遍的共识，在保障方面，其重要性高于其他形式的保障；而对客体环境行为的引导、监控和奖惩机制也体现了知行合一的教育思想，其重要性位于环境教育客体的联动和交流子机制以及环境教育对外合作交流子机制之上。

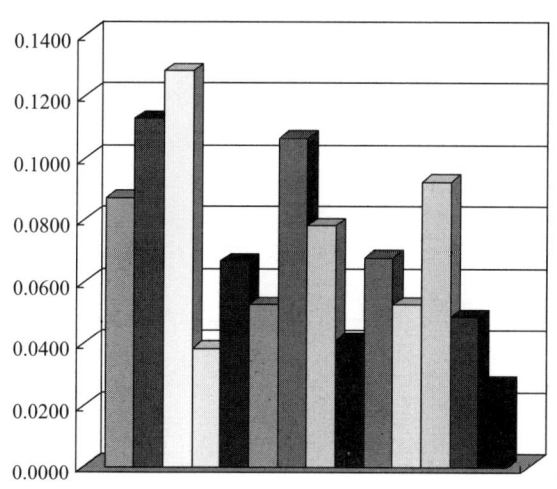

图 6-2　准则层指标权重比较

（2）领域层（第三层）指标体系特点。在领域层如下几个特点值得关注：

第一，在领域层"国民环境教育客体的联动和交流子机制 B_4"下的学生类客体 C_4 和教师类客体 C_5 的权重分别为 0.6321 和 0.3679，说明学生是接受环境教育的主要对象，但在专家们看来，教师也必须纳入环境教育的对象。事实上，教师担负着对学生进行环境教育的重任，如果其自身在环境知识、意识、伦理、行为等层次处于较低水平时，是无法胜任这一重任的。

第二，在领域层"国民环境教育媒体的综合利用子机制 B_5"下的纸质媒体 C_6、活动性媒体 C_7、技术性媒体 C_8、解说性媒体 C_9 的权重分别为 0.2012、0.2077、0.3008、0.2903（见图6-3），说明传统的纸质媒体（如书本、报纸等）和活动性媒体（如教师的课堂教学、环保社团的宣传活动等）仍是国民环境教育不可或缺的媒体，但其重要性已不如技术性媒体（如互联网等中的论坛、博客等），这与信息技术时代互联网的高普及率有关；同时，解说性媒体也被置于比传统的纸质媒体和活动性媒体更重要的地位，说明应加强环境教育解说牌的利用，尤其是要强化知识性解说牌的建设。

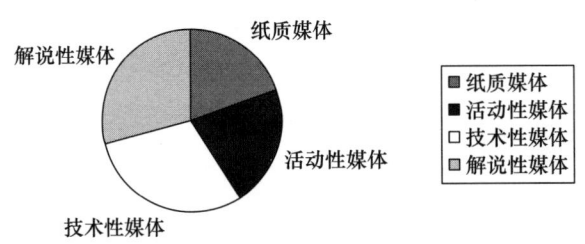

图6-3 四种媒体重要性比较

第三，在领域层"国民环境教育资源的综合发掘子机制 B_6"下的生态环境资源 C_{10}、设施设备资源 C_{11}、文化资源 C_{12} 的权重分别为

0.4376、0.3722 和 0.1902（具体数据见表 6-1）。其中，生态环境资源被置于最重要的位置，其权重是文化资源的近两倍，说明对区域生态环境优势的内涵应该予以充分发掘并外化为本区域内的国民环境教育的优势性资源。当然，文化资源也被赋予一定的重要性，这表明文化资源尤其是生态文化资源的发掘和外化也应获得足够的重视。

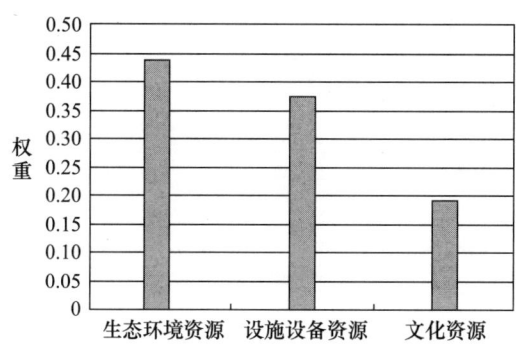

图 6-4　三种环境教育资源重要性比较

第四，"国民环境教育内容与目标设计的协调子机制 B_7" 准则层下有知识目标 C_{13}、技能目标 C_{14}、意识目标 C_{15} 和伦理目标 C_{16} 共 4 个领域，其权重分别为 0.1730、0.1987、0.3291 和 0.3019（见图 6-5）。其中，意识目标和伦理目标的重要性远大于其他二者，其中单纯的知识目标被置于最不重要的位置。这意味着环境教育的高层次目标已受到广泛关注，这凸显了国民环境教育在层次上明显区别于其他类型的学校环境教育，后者多偏重于知识和技能的传播。

第五，在准则层 "环境行为的引导和监控及奖惩子机制 B_9" 下有行为引导 C_{19}、行为监控 C_{20} 和行为结果激励 C_{21} 共 3 个领域，其权重分别为 0.5022、0.1597 和 0.3381。显然，行为引导重要性最大，高出行为监控 2 倍以上，行为结果激励也高出行为监控 1 倍以上（见图 6-6）。因为当行为主体的自我意识较强，行为自觉性也较高时，直接的行为监控可能招致他们的反感甚至抵触，因此行为监控要慎用；不过，行为结果激励被认为优于行为监控，无论是正向的激励（奖励）还是负向的激励（惩罚）均有助于国民环境教育行为目标的充分实现。

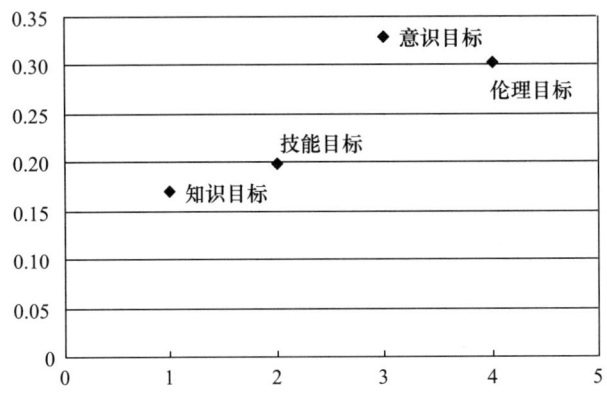

图6-5　四种环境教育目标重要性比较

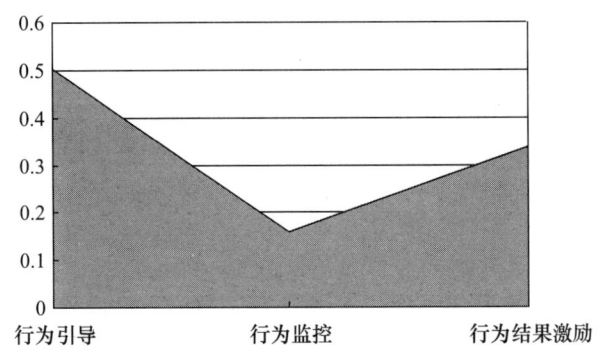

图6-6　三种行为目标重要性比较

（3）基础层（第四层）指标体系特点。在基础层有必要对如下几个特点进行说明：

第一，在准则层"制定环境教育制度 C_1"下有两个基础层指标，分别为各级组织制订和完善环境教育制度 D_1 和制定环境类必（选）修课学分管理制度 D_2，其权重分别为 0.3678 和 0.6322。其中，D_2 的重要性程度远高于 D_1，高出 26% 以上。说明将环境教育纳入正规的课程体系可在制度上确定国民环境教育在法律意义上的地位，以提高教师和学生对其重视程度。

第二，基础层的两个目标传授垃圾处置技能 D_{17} 和传授节能降耗技能 D_{18} 构成了准则层指标"技能目标 C_{14}"，其权重分别为 0.2311 和 0.7689，后者高出前者 2 倍以上。这表示着传授节能降耗技能的重要性远远高于传授垃圾处置技能，后者只是一种基础层次的常识性技能，而前者则是一种拓展性技能，对于心智运算技能处于较高层次（具备形式运算的能力）的高校学生而言，其对环保技能的传授也应定位于较高的层次。

第三，准则层"意识目标 C_{15}"下面包括加强对环境保护义务的感知 D_{19} 和加强对自身环境影响的感知 D_{20}，其权重分别为 0.3434 和 0.6566，前者的权重约是后者的 50%，说明行为主体对自身环境影响的感知要比对环境保护义务的感知重要得多，对环境影响的感知是采取进一步环保行为的必要前提。

第四，在准则层"伦理目标 C_{16}"下的两个基础层次指标（及权重）分别为树立人与自然平等关系的观念 D_{21}（0.3114）、树立文化多样性的观念 D_{22}（0.1145）、树立关注他人休憩便利的观念 D_{23}（0.3023）和树立关注他人消费便利的观念 D_{24}（0.2718）（见图 6 - 7）。可见这种观念更多地体现了生物中心主义或自然中心主义的因素，是对引发环境问题的人类中心主义的否定，因此这一生态伦理观念应该成为国民环境教育最重要的伦理目标。同时，树立关注他人休憩便利的观念表面上似乎与环境无关，似乎属于传统的伦理范围。其实，个人之外其他一切的自然或人文存在均是广义上的环境，对他人休憩便利的关怀就是对环境的尊重，这对于行为主体构建和谐的日常生活具有重要的现实意义。

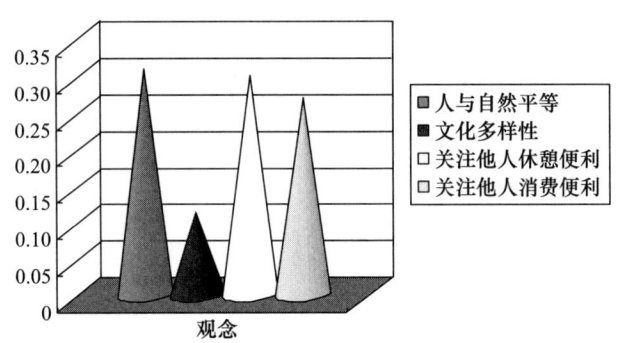

图6-7 四种伦理目标重要性比较

第五，在准则层"行为引导C_{19}"下面有两个基础层指标：引导节约行为D_{27}和引导关注他人便利行为D_{28}，其权重分别为0.5439和0.4561。这里，关注他人便利行为和节约行为几乎被赋予同等的重要性，表现上前者是人际行为，后者是环境行为。其实，正如上面所分析的，这二者均为广义的环境行为，均应获得足够的重视。

第六，在准则层"行为结果激励C_{21}"中的两个指标（及权重）分别为对积极的环境进行奖励D_{30}（0.7012）和对消极的环境进行惩罚D_{31}（0.2988）。显然，前者的权重高出后者近1.5倍。究其原因，可能是专家们认为以在校学生为核心的环境教育对象均处于具备形式运算能力的心智发展阶段，正向激励的作用远大于负向激励。国民环境教育活动的管理方应有意识地对学校环境教育客体和社会大众客体（包括不同层次的学校环境教育客体）在激励方法有所区别，以达成激励手段的适宜性和实效性。

第七章
基于受众感知的国民环境教育机制共生度实证评价

本书构建了由 14 个准则、26 个领域、38 个 4 级指标组成的评价指标体系，并经过统计计算确定了各层指标集中的指标权重。但 38 个指标涉及面非常广泛，指标值的测度有相当大的困难。为简化研究，同时便于数据的收集和测量，本书选择受众感知的视角对江西省境内的国民环境教育机制共生度进行实证评价研究。

第一节 评价指标体系的构成

笔者就基于受众感知的国民环境教育机制共生度评价指标体系的构建再次邀请专家组 A 中的专家对国民环境教育机制共生度评价指标体系中准则层中的 14 个指标进行重要性比较，求出各指标的权重，最后按综合权重的排序遴选出前 6 项指标，并进一步确定此 6 项指标对于基于受众感知的国民环境教育机制共生度评价目标的最后权重。

一、权重计算方法的选择

评价指标权重的确定是一个十分重要的环节,因其直接关乎综合评价的结果。目前确定权重的方法很多,通常可以分为客观赋权法①和主观赋权两大类。本书采用近年来逐渐被人们所认识的 G1 法②用来确定各层次指标的权重,它比主观赋权法中相对于 AHP 法构造判断矩阵来说有许多优点。

G1 法主要分为四个步骤:

第一,给评价指标进行优先排序(重要性程度)确定指标的顺序关系。

第二,两两比较指标间的重要程度,并按给出的比例标度进行赋值。

第三,根据专家给出的判断理性赋值,根据 G1 法权重计算公式,求得各评价指标的权重。

第四,对每位专家给出的意见求得的指标权重运用相关方法进行综合处理,确定评价指标的最终权重值。

二、指标权重的计算

1. 确定准则层 14 个指标主观优先顺序关系

即就法律制度共生、规划共生、主体共生、客体共生、媒体

---

① 戎郁萍,赵敏,朱玲玲,白可喻. 三种客观赋权法分析草地管理措施对土壤有机碳含量的影响. 生态学杂志,2012,31(4):987-993.

② 周正柱,汪祖柱,孙明贵. 基于熵值修正 G1 法区域商务成本综合评价模型及实证研究. 云南财经大学学报,2013,(1):45-54.

共生等指标的主观重要性进行排序。根据专家意见确定它们排列顺序：

$$X_1 > X_2 > X_3 > X_4 > \cdots > X_{14}$$

2. 确定指标两两间相对重要程度比值

即进行相邻指标之比 r_i 的理性赋值，比值判断的比例标度见表7-1和表7-2。

表7-1 相邻指标重要性比例标度

r_i 的赋值	定义
1.0	指标 X_{i-1} 与指标 X_i 具有同样重要性
1.1	指标 X_{i-1} 比指标 X_i 稍微重要
1.2	指标 X_{i-1} 比指标 X_i 明显重要
1.3	指标 X_{i-1} 比指标 X_i 强烈重要
1.4	指标 X_{i-1} 比指标 X_i 极端重要

表7-2 相邻指标之比 r_i 的理性赋值

r_i	判断公式	赋值
r_2	X_1/X_2	—
r_3	X_2/X_3	—
r_4	X_3/X_4	—
r_5	X_4/X_5	—
r_6	X_5/X_6	—
⋮	⋮	—
r_{14}	X_{13}/X_{14}	—

三、指标及权重的最后确定

2014年9月1日再次请专家组A的专家采用G1法（见附录6）

对排名前6位的6个指标进行重要性比较和赋值,经计算,得出如下用于实证研究的指标体系,包括国民环境教育的主体共生、国民环境教育的客体共生、国民环境教育的媒体共生、国民环境教育的资源共生、国民环境教育的内容与目标共生、国民环境教育与环境行为引导和监控共生,并确定了权重(见表7-3)。

表7-3 基于受众感知的国民环境教育机制共生度评价指标体系

序号	指标	权重	备注
1	环境教育的主体共生(S)	0.1912	—
2	环境教育的客体共生(O)	0.168	—
3	环境教育的媒体共生(M)	0.1501	—
4	环境教育的内容与目标共生(C)	0.1751	—
5	环境教育与环境行为的引导和监控共生(L&E)	0.1792	其中,环境教育(E)的权重为0.5227,行为引导和监控(L)的权重为0.4773
6	环境教育的资源共生(R)	0.1364	—
	总和	1	—

注:表中指标后面的代号为该指标关键词英文单词的首字母:S—Subject;O—Object;M—Media;C—Content;L&E—Leading & Education;R—Resources。

第二节 研究区选择

考虑到研究团队的成员主要集中在南昌市的高校,为方便调查,研究区选择江西省的省会城市南昌市。同时,为保证研究结果的客观性和代表性,在国民环境教育的种类上必须兼顾学校环境教育和社会环境教育。因而,具体的调查地点又注重国民环境教育发生地的代表性,既有各级各类学校的校园,又有具有较强代表性的校外公共活动场所,包括公共交通服务场所和公共休闲游憩场所。其中,学校类场所包括江西财经大学四个校区、江西旅游商贸职业学院、江西财经大学附属中小学、江西省南昌市青山湖区部分中小学;校外公共活动场所包括南昌秋水广场、南昌火车站(东站和西站)、南昌八一广场。

一、调查方案的设计

调查方案的设计包括调查问卷的设计、调查地点的选择、调查样本的选择、调查时间的选择等内容。

1. 调查问卷的设计

根据上述最后确定的"基于受众感知的国民环境教育机制共生度评价指标体系",设计两套内容大体相似的调查问卷,一套用来对学校校园的学生样本进行问卷调查,另一套用来对在典型的校外公共活动场所里的大众样本进行问卷调查。

调查内容主要包括两个部分:一部分是样本的人口统计学特征,包括年龄、职业、婚姻状况、受教育程度、收入等;另一部分是样本对国民环境教育共生机制构建的感知,包括对国民环境教育的主体共生、客体共生、媒体共生、内容与目标共生、环境教育与环境行为的引导和监控共生、环境教育的资源共生6个方面的感知(详见附录7和附录8)。

2. 统计方法的设计

(1)样本个体总分计算公式。统计公式如下:

$$\sum MD_i = \sum S_i \times 0.1912 + \sum O_i \times 0.168 + \sum M_i \times 0.1501 +$$

$\sum C_i \times 0.1751 + \sum EL_i \times 0.1792 + \sum R_i \times 0.1364$

其中：

$\sum MD_i$：样本个体感知的国民环境教育机制共生度总分；

$\sum S_i$：主体共生指标得分；

$\sum O_i$：客体共生指标得分；

$\sum M_i$：媒体共生指标得分；

$\sum C_i$：内容共生指标得分；

$\sum EL_i$：教育与引导共生指标得分；

$\sum R_i$：资源共生指标得分。

（2）样本个体单项指标赋分方法。

1）$S_i = (Ns_i / Ns_{Max}) \times 10$

S_i 为某样本在主体共生指标上的得分经数据标准化后的值。

其中，Ns_i 为某样本实选个数，Ns_{Max} 为本选项全部样本中的最大数量。

2）$O_i = (No_i / No_{Max}) \times 10$

O_i：客体共生指标得分。

O_i 为某样本在客体共生指标上的得分经数据标准化后的值。

其中，Vo_i 为某样本选项的赋值，Vo_{Max} 为本项目全部选项中的最大值，为7。

选项 Vo_i 赋分的标准为如下：

特别满意＝7，非常满意＝6，比较满意＝5，一般＝4，不满意＝3，非常不满意＝2，特别不满意＝1。

3）$M_i = (Nm_i / Nm_{Max}) \times 10$

M_i 为某样本在媒体共生指标上的得分经数据标准化后的值。

其中，Nm_i 为某样本实选个数，Nm_{Max} 为本选项全部样本中的最大数量。

4) $C_i = (Nc_i/Nc_{Max}) \times 10$

C_i 为某样本在内容共生指标上的得分经数据标准化后的值。

其中，Nc_i 为某样本实选个数，Nc_{Max} 为本选项全部样本中的最大数量。

5) $EL_i = (Vel_i/Vel_{Max}) \times 10$

EL_i 为某样本在教育与引导共生指标上的得分经数据标准化后的值。

$Vsel_i$ 为某样本选项的赋值，$Vsel_{Max}$ 为本项目全部选项中的最大值，为4。

其中，$Vel_i = Ve_i \times 0.5227 + Vl_i \times 0.4773$

其中，Ve_i 为样本对环境教育的感知值，Vl_i 为样本对行为引导和监控的感知值。

具体的计算方法如下：

其一，$Ve_i = (Ve_i/Ve_{Max}) \times 10$

具体赋分标准：感知"非常满意"得5分，感知"满意"得4分，感知"一般"得3分，感知"不满意"得2分，感知"非常不满意"得1分；Ve_{Max} 为5。

其二，$Vl_i = (Vl_i/Vl_{Max}) \times 10$

具体赋分标准：告知危害并劝阻得4分，告知危害但未劝阻得3分，表示愤怒但不告知和劝阻得2分，未作任何反应得1分；Vl_{Max} 为4。

6) $R_i = (Nr_i/Nr_{Max}) \times 10$

R_i 为某样本在资源共生指标上的得分经数据标准化后的值。

其中，Nr_i 为某样本实选个数，Nr_{Max} 为本选项全部样本中的最大数量。

3. 统计结果的等级设定

$\sum MD_{i总}$ 的取值范围为 [0, 10]，参照国内外相关研究成果，本书对基于受众感知的国民环境教育机制共生度评价个体样本评分结果设定如表7-4所示的等级。

表7-4 个体受众感知的国民环境教育机制共生度评价结果级别分布

总分	等级						
	非常好	很好	较好	一般	较差	很差	非常差
[8.5, 10]	★						
[7.5, 8.4]		★					
[6.5, 7.4]			★				
[5.5, 6.4]				★			
[4.5, 5.4]					★		
[3.5, 4.4]						★	
[0, 3.4]							★

注:"★"代表某一得分区间所对应的等级。

二、调查的实施

2014年9月21~28日(周一至周日),课题组采取便利抽样的方式在食堂、广场、图书馆、操场、校园林荫道、寝室等地点对大学生、中学生、小学生三类样本各发放问卷调查表200份,共计600份;2014年10月1~7日(正值国度节放假期间),在广场的游览区以及火车站的候车室和火车站广场对公共场所中的大众样本每个场所各发放问卷200份,共计600份。两类样本总计是1200份。

调查人员首先向被选到的样本说明自己的身份、目的与意图,对有能力且愿意进行问卷调查的样本立刻分发问卷请其填写并现场回收。

两组各发放问卷 600 份，社会公众样本组收回问卷 331 份，有效问卷 283 份，有效率为 85.50%；学生样本组回收问卷 561 份，有效问卷 533 份，有效率为 95.01%；全部问卷的有效率为 91.48%。

第三节　研究结果

一、样本描述性统计

从样本统计结果可知，受访者女性略多于男性，未婚者略多于已婚者，国内受访者远多于国（境）外旅游者（其中又以华中地区、本省、华南、本省除外的华东地区的旅游者为主），以中青年人为主，在校学生、公司员工、公务员、教师等居多，学历层次和收入水平较高（见表 7-5）。这些特征与南昌所归属的江西省地处长江中下游南岸，与华中地区其他省份及华东和华南诸多省份毗邻、相对于西北和东北等客源市场入游距离大、对旅游者的身体状况和消费能力要求较低以及本次调查的时间季节等情况是相符的。

二、样本组总体得分与等级

为了验证受众对国民环境教育机制共生度感知的总体评价效果，本书从样本总分及分值等级比例两个大的方面来进行综合考察，其中前者包括样本总分的平均分、标准差、最高分、最低分等 4 个维度。而分值等级比例则是运用前述的评价标准来统计各等级所占的百分比（见表 7-6）。

表 7-5 样本基本情况（公众类）

基本情况	类别	比例（%）	基本情况	类别	比例（%）
居住地	国外	0.53	文化程度	高中及中专	18.4
	港澳台地区	1.03		大专及本科	64.3
	国内华北地区	5.37		研究生	5.7
	国内华东地区	13.28	职业	学生	42.8
	国内华南地区	17.16		教师	5.7
	国内华中地区（江西省除外）	29.10		科技人员	2.8
	国内西北地区	4.14		政府机关	9.2
	国内东北地区	4.09		公司职员	20.8
	国内西南地区	5.16		工人	3.2
	江西省内地区	20.14		农民	1.8
性别	男	33.6		农民工	2.1
	女	66.4		个体商户	7.1
年龄（岁）	18 以下	10.6		离退休人员	2.8
	18~24	42.4	月收入（元）	800 以下	1.8
	25~34	22.6		801~1500	8.5
	35~44	14.1		1501~2500	13.8
	45~54	6.0		2501~3500	25.1
	55~64	3.9		3501~4500	4.2
	65 及以上	0.04		4501 及以上	11.3
文化程度	小学及以下	2.1	婚姻状况	未婚	58.0
	初中	9.5		已婚	42.0

表 7-6 学生组与公众组感知的环境教育机制共生度对比分析

共生度比较指标		学生组（得分百分比）	公众组（得分百分比）	备注
单样本分值	平均分	4.8071	3.8018	
	标准差	1.28783	1.06271	
	最高分	8.15	8.21	
	最低分	1.88	1.41	

续表

共生度比较指标		学生组（得分百分比）	公众组（得分百分比）	备注
组内分值等级比例	非常好	10.23%	0	[8.5, 10]
	很好	10.01%	8.23%	[7.5, 8.4]
	较好	5.53%	6.01%	[6.5, 7.4]
	一般	10.59%	12.17%	[5.5, 6.4]
	较差	4.42%	5.15%	[4.5, 5.4]
	很差	11.14%	9.38%	[3.5, 4.4]
	非常差	48.08%	59.06%	[0, 3.4]

注：以上数据均为原始数据标准化后的计算结果，下同。

从表7-6可以看出，学生组内样本总分除最高分略低于公众组外，平均分、最低分均明显高于公众组。

而在样本总分等级的分布上，学生组较公众组也有明显的优势，这一点，在表7-6的"组内分值等级比例"部分及图7-1反映得比较明显。据图7-1所示，在正向趋势上，除"较好"等级上两个组别差异较小且学生组略低于公众组外，在"非常好"及"很好"两个等级上，学生组的比例明显高于公众组，其中，"非常好"等级学生组占

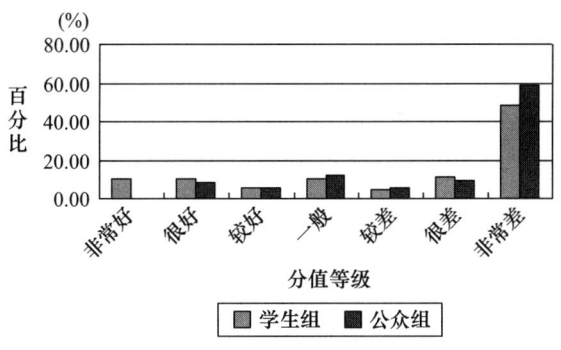

图7-1 学生组与公众组感知的国民环境教育机制共生度等级对比分析

绝对优势，学生组为 10.23%，公众组为 0，前者高出后者 10.23%。在负向趋势（包括中间趋势"一般"）上，除"很差"项学生组高于公众组外，在"一般""较差""非常差"项上，学生组均要低于公众组，其中在"非常差"项上，学生组明显低于公众组，前者为 48.08%，后者为 59.06%，低出 10.98%。

三、样本组各指标得分

为了解两个组别更为详细的差异，现对样本在主体共生、客体共生、媒体共生、内容与目标共生、教育与引导共生、资源共生 6 个指标的分值差异情况进行统计分析（见表 7-7）。

表 7-7 学生组与公众组感知的国民环境教育机制共生度对比

评价领域	学生组				公众组			
	平均值	标准差	最高分	最低分	平均值	标准差	最高分	最低分
主体共生	3.3686	1.69194	10.00	0.00	2.3322	1.36155	8.00	0.00
客体共生	4.1980	2.30331	10.00	0.56	2.5994	1.82932	9.38	0.00
媒体共生	5.6844	2.51609	10.00	0.00	3.8434	2.42258	10.00	0.00
内容与目标共生	2.9573	1.81827	10.00	0.00	2.2129	1.36459	7.50	0.00
教育与引导共生	5.8027	2.31161	10.00	1.43	5.4518	1.61957	10.00	1.43
资源共生	6.6069	2.63353	10.00	2.50	6.0527	2.62601	10.00	2.50

表 7-7 给出了学生组与公众组在主体共生、客体共生等 6 个指标在平均值、标准差、最高分和最低分等 4 个方面的分值差异以及分值差异的比例。

1. 主体共生

在准则层的主体共生指标，除组内最低分相等（均为 0 分外），学生组的其他三项（平均值、标准差和最高分）分值均高于公众组，其中最高分高出 2 分，平均值高出 1 分以上，高出比例分别为 25.00% 和 44.44%。

2. 客体共生

在客体共生指标，学生组四项分值均高于公众组，其中最高分高出 0.62 分，平均值高出 1.60 分，高出比例分别为 6.61% 和 61.50%。

3. 媒体共生

在媒体共生指标，除组内最高分、最低分相等（分别为 10.00 分和 0.00 分）外，学生组的平均值高出 1.84 分，高出比例为 47.90%。

4. 内容与目标共生

在内容与目标共生指标，除学生组的最低分与公众组相等（均为 0 分）外，其他三项分值均高于公众组，其中最高分高出 2.50 分，平均值高出 0.74 分，高出比例分别为 33.33% 和 33.64%。

5. 教育与引导共生

在教育与引导共生指标，学生组的最高分、最低分与公众组相等（分别为 10.00 分和 1.43 分），学生组的平均值略高于公众组，高出 0.35 分，高出比例为 6.44%。

6. 资源共生

在资源共生指标，学生组的最高分、最低分与公众组相等（分别为 10.00 分和 2.5 分），学生组的平均值微高于公众组，高出 0.55 分，高出比例为 9.16%。

四、样本对国民环境教育的满意度分析

样本对国民环境教育的满意度可在很大程度上检验国民环境教育共生机制构建效果的好坏。从表7-8可知,两个组别中,"一般"的比例最高,其次为"比较满意","特别满意"比例最低。学生组的满意度在"特别满意""非常满意"和"比较满意"三项的累计比例为33.8%,而公众组的此项比例为31.8%,表明学生组的总体满意度略高于公众组。这与学生组在学校接受过较为系统和有效的环境教育干预且对环境教育的共生情况有较高满意的感知度,而公众组整体上没有接受较为系统和有效的环境教育干预且对环境教育的共生情况有较低满意的感知度。

表7-8 样本国民环境教育满意度

	频数		百分比		累积百分比	
	学生组	公众组	学生组	公众组	学生组	公众组
特别满意	37	14	6.9	4.9	6.9	4.9
非常满意	44	15	8.3	5.3	15.2	10.2
比较满意	99	61	18.6	21.6	33.8	31.8
一般	186	129	34.9	45.6	68.7	77.4
不满意	67	52	12.6	18.4	81.2	95.8
非常不满意	36	7	6.8	2.5	88.0	98.2
特别不满意	64	5	12.0	1.8	100.0	100.0
总计	533	283	100.00	100.0	100.00	

不过,即便如此,公众组的受访者还是具有一定的环境教育满意度。究其原因,一是其在出游的过程中导游员等在服务过程中自觉或不自觉地进行了某种程度的环境教育干预;二是部分以团队形式出游

的公众在团队活动（如党团活动、业余环保组织活动等）中安排了含有环境教育干预内容的活动；三是由于国内公众总体上对环境教育的需求并不像国外较成熟的公众那么高，也即环境教育需求不高，因此即便是数量或质量上并不足够或有效的环境教育干预也可能产生更高的满意度。

第四节　样本对环境教育机制共生度感知结果的影响因素分析

以上从宏观和中观角度系统地比较了学生样本组与公众样本组对国民环境教育机制共生度感知的结果差异。然而，现在的问题是这些差异到底是由什么因素或因素群造成的？这些因素或因素群对国民环境教育机制共生度感知结果差异的影响程度如何？要回答这些问题，就有必要运用一些适当的数学方法来进行分析。根据本书数据的特征，本书利用 SPSS 16.0 软件同时采用统计描述法和方差分析法来进行影响环境教育机制共生度感知评价结果的因素分析。

一般来说，影响环境教育机制共生度感知结果的可能因素有三类：样本的人口统计学特征、样本的行为（如游览、游憩等）特征以及所接受到的环境教育干预的内容和形式以及数量和质量。由于本书中的学生组与公众组两个样本组在年龄、职业、收入、婚姻状况、所接受到的环境教育的系统性等方面存在着较大差异，故实际分析环境教育机制共生度感知结果的影响因素时，仅对公众样本组进行相关的分析。在这一分析中，所有的影响因素均被视为不同的自变量，国民环境教育机制共生度感知结果度量值——具体地说样本个体的总分以及同一类样本在某些等级的累积比例变化被视为因变量。以下分别以地域、性别、年龄、婚姻状况、受教育程度、职业、收入等 7 个因素为自变量，同时进行一般描述性分析和单因素方差分析。

一、地域因素

1. 一般性描述分析

不同地域的样本对国民环境教育共生度感知结果在"很好""较好"等级上的累积比例从高到低分别为：江西省内地区（18.41%），华中地区（江西省除外）（15.17%），西南地区（15.03%），华南地区（14.26%），东北地区（14.15%），华北地区（13.91%），华东地区（13.81%），港澳台地区（12.93%），国外（12.39%），西北地区（12.34%）。以上地域分布差异的存在说明地域因素是影响样本对国民环境教育共生度感知结果的因素之一。

2. 单因素方差分析

由表 7-9 可知，$p = 0.603 > 0.05$，拒绝地域因素对样本的环境教育机制共生感知值的影响显著的原假设，即在 0.05 显著性水平下，地域因素与样本的环境教育机制共生感知值的变化相关不显著。

表 7-9　地域对样本的国民环境教育机制共生度感知影响的单因素方差分析

个体总分	ANOVA				
	平方和	自由度	均方	F 值	显著性
组间	0.279	1	0.279	0.242	0.603
组内	205.331	180	1.134	—	—
总分	205.60	181	—	—	—

二、性别因素

1. 一般性描述分析

男性样本和女性样本在"很好""较好"等级上的累积比例分别为 13.77% 和 14.71%。总体来说,女性比男性在国民环境教育机制共生度感知上略有一些优势,这可能和女性较为细腻以及环境意识和求知欲望均较强有关。以上性别差异的存在说明性别因素是影响样本对国民环境教育机制共生度感知结果的因素之一。

2. 单因素方差分析

由表 7-10 可知,$p = 0.618 > 0.05$,拒绝年龄因素对样本的环境教育机制共生度感知值的影响显著的原假设,即在 0.05 显著性水平下,样本性别因素与样本的国民环境教育机制共生度感知值的变化相关不显著。

表 7-10 性别对样本的国民环境教育机制共生度感知影响的单因素方差分析

个体总分	ANOVA				
	平方和	自由度	均方	F 值	显著性
组间	0.283	1	0.283	0.249	0.618
组内	204.130	180	1.134	—	—
总分	204.413	181	—	—	—

三、年龄因素

1. 一般性描述分析

不同年龄段的样本对国民环境教育共生度感知结果在"很好"

"较好"等级上的累积比例为：18岁以下（17.03%）、18～24岁（17.71%）、25～34岁（15.34%）、35～44岁（12.90%）、45～54岁（11.38%）、55～64岁（11.06%）、65岁以上（14.26%）。总体来说，年龄偏小者比年龄偏大者在对国民环境教育机制共生度感知结果上略有一些优势，这可能和前者以学生居多，在学校已经接受了较为系统的环境教育，环境意识和求知欲望均较强，同时具有较强的教育可塑性有关。同时，65岁以上样本的感知度也在中上层次，可能因为本年龄段样本离休前主要身份大多为国家干部、教师、工人等水平也较高，这一样本群由于接触过较多的环境教育而对国民环境教育共生度的正面感知也相对较强。

以上年龄分布差异的存在说明年龄因素是影响样本对国民环境教育共生度感知结果的因素之一。说明年龄因素是影响样本对国民环境教育共生度感知结果的因素之一。

2. 单因素方差分析

由表7-11可知，$p=0.02<0.05$，接受年龄因素对样本的环境教育机制共生感知值的影响显著的原假设，即在0.05显著性水平下，样本年龄因素与样本的环境教育机制共生度感知值的变化相关显著。

表7-11　年龄对样本的国民环境教育机制共生度感知影响的单因素方差分析

个体总分	ANOVA				
	平方和	自由度	均方	F值	显著性
组间	0.283	1	0.283	0.249	0.02
组内	204.130	180	1.134	—	—
总分	204.413	181	—	—	—

四、婚姻状况因素

1. 一般性描述分析

未婚者和已婚者在"很好""较好"等级上的累积比例分别为 15.17% 和 13.31%。总体来说,未婚者比已婚者在环境教育效果上略有一些优势,这可能和未婚者大多为学生,在学校已经接受了较为系统的环境教育,环境意识和求知欲望均较强,同时具有较强的教育可塑性有关。以上婚姻状况分布差异的存在说明婚姻状况因素是影响样本对国民环境教育共生度感知结果的因素之一。

2. 单因素方差分析

由表 7-12 可知,$p=0.02<0.05$,接受婚姻状况对样本的环境教育机制共生度感知值的影响显著的原假设,即在 0.05 显著性水平下,样本婚姻状况因素与样本的环境教育机制共生度感知值的变化相关显著。

表 7-12 婚姻状况对样本的国民环境教育机制共生感知影响的单因素方差分析

个体总分	ANOVA				
	平方和	自由度	均方	F 值	显著性
组间	10.174	1	10.174	9.428	0.02
组内	194.239	180	1.079	—	—
总分	204.413	181	—	—	—

五、教育程度因素

1. 一般性描述分析

就"很好"和"较好"两个等级的累积比例而言,教育程度为"大专及本科"以及"研究生"的样本为17.78%,教育程度为"初中"以及"中专"样本为13.19%,教育程度为"小学及以下"样本为11.75%。究其原因,是因为"小学"教育程度者主要由两部分样本组成,一部分是以团队形式出游的在校小学生,另一部分是只有小学教育程度的各类成年人,包括农民、工人、农民工、离退休人员等。前者,在学校已经接受了较为系统的环境教育,环境保护热情高,环境意识和求知欲望均较强,又同时兼有团队学习的氛围和组织纪律的约束,因而在他们身上体现出了较好的环境教育共生度感知效果。以上教育程度分布差异的存在说明教育程度因素是影响样本对国民环境教育共生度感知结果的因素之一。

2. 单因素方差分析

由表7-13可知,$p = 0.428 > 0.05$,拒绝受教育程度对样本的环境教育机制共生度感知值的影响显著的原假设,即在0.05显著性水平下,样本受教育程度与样本的环境教育机制共生度感知值的变化相关不显著。

表7-13 受教育程度对样本的国民环境教育机制共生度感知影响的单因素方差分析

个体总分	ANOVA				
	平方和	自由度	均方	F 值	显著性
组间	4.363	4	1.091	0.965	0.428
组内	200.050	177	1.130	—	—
总分	204.413	181	—	—	—

六、职业因素

1. 一般性描述分析

各种职业的样本在"很好""较好"两个层级的累积比例按从高到低的排序依次为:学生(18.83%)、教师(18.49%)、科技人员(15.94%)、政府机关公务员(15.71%)、离退休人员(14.46%)、公司职员(12.77%)、农民工(12.13%)、工人(11.93%)、农民(11.16%)、个体商户(10.98%)。其中,作为日常生活主要发生在学校这一正规环境教育实施的主要场所,教师和学生相对于其他人群有更好的环境意识(包括环境学习意识),国民环境教育共生度感知的正面性要相对明显。值得一提的是,离退休人员因为其离休前主要的身份为国家干部、教师、工人等,这一样本群对国民环境教育共生度的正面感知因而也相对较强。以上职业分布差异的存在说明职业因素是影响样本对国民环境教育共生度感知结果的因素之一。

2. 单因素方差分析

由表7-14可知,$p = 0.069 > 0.05$,拒绝职业因素对样本的环境教育机制共生度感知值的影响显著的原假设,即在0.05显著性水平下,样本职业因素与样本的环境教育机制共生度感知值的变化相关不显著。

表7-14 职业因素对样本的国民环境教育机制共生度感知影响的单因素方差分析

个体总分	ANOVA				
	平方和	自由度	均方	F值	显著性
组间	19.195	10	1.920	1.772	0.069
组内	185.217	171	1.083	—	—
总分	204.413	181	—	—	—

七、收入因素

1. 一般性描述分析

不同收入（月均收入）阶层的样本在"很好""较好"两个层级的累积比例按从高到低的排序依次为：800 元以下（17.16%）、801~1500 元（16.13%）、1501~2500 元（15.11%）、3501~4500 元（13.88%）、2501~3500 元（13.24%）、4500 元以上（9.92%）。其中，月收入在 800 元以下者的累积比例最高，因为此收入群体绝大多数为在校学生，为学校正规国民环境教育的主要教育对象，因而对国民环境教育机制共生度具有较好的感知；而月收入在 4500 元以上的样本的感知度最低，可能因为本收入段的样本大多为公司员工，虽收入较高，但日常工作压力大，对国民环境教育的关注度不够。以上收入水平分布差异的存在说明收入因素是影响样本对国民环境教育共生度感知结果的因素之一。

2. 单因素方差分析

由表 7-15 可知，$p = 0.011 < 0.05$，接受收入因素对样本的环境教育机制共生度感知值的影响显著的原假设，即在 0.05 显著性水平下，收入因素与样本的环境教育机制共生度感知值的变化相关显著。

表 7-15　收入因素对样本的国民环境教育机制共生感知影响的单因素方差分析

个体总分	ANOVA				
	平方和	自由度	均值	F 值	显著性
组间	16.457	5	3.291	3.082	0.011
组内	187.955	176	1.068	—	—
总分	204.413	181	—	—	—

第八章
国民环境教育共生机制构建方面存在的问题及对策建议

第一节 问题及成因分析

实证研究表明，就样本对国民环境教育共生机制的感知度而言，学生群体样本的平均感知度为4.8071，在"非常好—很好—较好—一般—较差—很差—非常差"7个层级中为"较差"档（[4.5，5.4]），而公众样本的平均感知度更低，为3.8018，在7个层级中位于"很差"档（[3.5，4.4]）；而就国民对国民环境教育共生机制建设的满意度而言，学生群体样本组在"特别满意""非常满意"和"比较满意"三项的累计比例为33.80%，而公众组的此项比例为31.80%，虽然学生群体样本组的总体满意度略高于公众群体样本组，但总体满意度还非常低，全体样本的平均满意度不超过35%，表明半数以上的样本对国民环境教育共生机制的建设现状不满意，说明我国国民环境教育共生机制建设还存在诸多问题。本书认为主要存在如下六大问题：

一、相关政策法规调控约束不力

在政策法规调控约束层面，国家和地方政府等对于各层各类负有国民环境教育义务的主体（政府机关、相关的企事业单位、非政府组织及个人等），尚没有建立完善和有效的政策、法律和制度来使国民环境教育真正成为上述主体的法定或约定义务，以致其对开展国民环境教育缺乏应有的压力和动力，其积极性和主动性难以被充分调动。如此，国民环境教育从广义立法意义的源头上就有一种"先天不足"。

二、经费来源无可靠保障

上述政策法规调控约束的不力造成国民环境教育地位的不确定性，并进一步导致国民环境教育实施中经费来源保障的不确定性。由于没有对经费来源和数量做出刚性的规定，也没有对经费安排做出弹性的指导，国民环境教育经费的来源就只能依靠单位主要领导或决策层的生态自觉和生态意识这一非常不确定的因素。结果，国民环境教育的机构（如学校、生态旅游的主要目的地——自然保护区和森林公园等）普遍缺乏专门的、足够的经费用于国民环境教育的设施建设和人员培训。就连国内个别国民环境教育开展得较好的景区如四川王朗自然保护区等，其国民环境教育（生态旅游环境教育）经费一般也只有年旅游收益的5%①，更不用说国民环境教育（生态旅游环境教育）开展得不好的景区了。国民环境教育的经费问题由此可见一斑。

---

① 王朗自然保护区与"绿色环球21". http://www.my.gov.cn/MYGOV/150619954700353536/20061122/135882.html.22；33，2017-06-13.

三、缺乏对国民环境教育对象、内容、形式的系统规划

从中外国民环境教育的实践经验和研究成果来看，完整意义的国民环境教育对象应包括全体国民，重点为学生、教师、相关媒体工作者、涉环境保护的企事业单位员工、旅游者、管理者、经营者和社区居民等；同时，完整意义的国民环境教育内容应包含环境知识（包括环境问题、环境审美、环境伦理、环境法律、环境安全等方面）的传播、环境意识的培养以及环境行为的引导和监控等一系列内容。然而，现实中，绝大多数的国民环境教育往往局限于对学生和旅游者的教育，而忽视了对其他教育对象（包括教师、景区的管理者和旅游从业人员等）的教育；同时，绝大多数的国民环境教育主体对国民环境教育的内容和形式缺乏系统和深刻的认识，即便是对上述受众的教育也大多仅停留在提醒他们如何正确处理随手垃圾的层次上，且提醒形式也只限于街道或游步道两侧的指示牌提醒，或偶尔伴有社区环保人员或景区导游人员的口头提醒，没有形成系统的、科学的社区和景区环境解说系统（包括自导式环境解说系统和他导式环境解说系统）。总体而言，目前的国民环境教育尚处于"范围窄、层次低、效果差"的境地。

四、缺乏对相关主体环境行为的有效引导、监控和干预

国民环境教育应以国民在日常生产、生活、学习、游憩中的生态化环境行为（资源节约型和环境友好型环境行为）之付出为外在行为目标。为达此目标，要求对教育对象的环境知识、环保技能等的传授与对其行为的引导、监控和干预同步进行，特别是对国民中的问题环境行为进行及时的提醒和劝阻，以防止危害结果的发生或避免危害结

果的扩大。然而，现实中环境教育主体（如教师、导游员等）对客体（如学生、旅游者等）环境行为的引导、监控和干预"不作为"（放任自流）的现象普遍存在——部分国民制造"垃圾文化"，造成"白色污染""涂鸦冲击"等非生态化现象与此多有干系。

五、缺乏多元教育主体的联动和广泛的社会参与

国民环境教育是一种全程教育活动，应该贯穿到社会生活的各个环节。相关的组织（如学校、政府机关、旅行社、旅游景区、宾馆饭店等）及个人均应担当起国民环境教育主体的角色，均有结合服务和管理进行即时环境教育的义务。现实中，学校、大多数旅行社、旅游景区对国民环境教育尚有一定的"作为"，而其他组织则往往淡出国民环境教育的视野，没有表现出应有的"作为"。此外，上述组织之外的其他多元主体（如大众传播媒体、科研机构等）对国民在环境影响活动发生前后的国民环境教育（如对潜在旅游者"游前"环境教育和历时旅游者"游后"环境教育）参与的广度和深度均不够，尚没有发挥其应有的广义国民环境教育作用。

六、相关学术研究严重匮乏

国民环境教育的共生机制的构建客观上需要生态学、旅游学、教育学、心理学、传播学等相关科研成果的理论指导，以达到最优化的国民环境教育机制共生度。然而，现实情况是，国内外针对国民环境教育共生机制课题的学术研究却异常匮乏，国内情况更甚。以国内为例，至2015年12月底，在CNKI的中国期刊全文数据库以"环境教育"为题名进行精确检索可检索到论文5909篇；而以"环境教育+共生"等为题名进行高级检索时，却只能检索到论文1篇；

第八章　国民环境教育共生机制构建方面存在的问题及对策建议

后者不及前者的 0.02%。由此可见对国民环境教育共生机制研究的匮乏程度。

第二节　对策建议

为充分发挥国民环境教育的诸多功能，传播生态文化，为国家的生态文明建设培养和造就具有较高环境素养的未来决策者、管理者、服务者、消费者，实现经济社会生态的可持续发展，本书认为，针对以上共生机制建设方面的主要问题，应从如下几个子机制维度重新构建国民环境教育的共生机制（见图 8-1）。

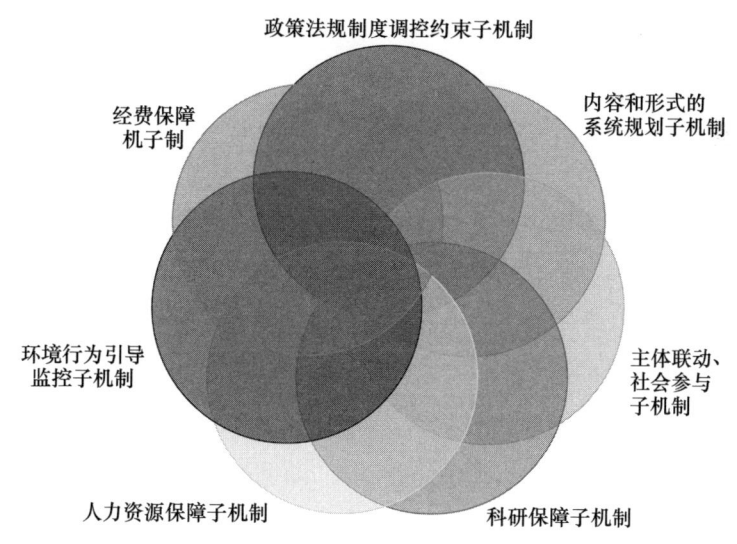

图 8-1　国民环境教育共生机制再造策略示意图

一、建立和完善政策法规调控约束子机制

由国家文明办、教育部、环境保护部、国家林业局、国家旅游局等部（局）牵头制定《国民环境教育章程》《绿色学校创建宣言》《国民环境教育质量评比及奖励办法》等与国民环境教育有关的、具有政策法律制度意义的国家级政策、规范或准则。其中，在条件成熟时可制定对国民环境教育进行专门认证的认证标准并加以实施或制定专门的《国民环境教育规划通则》，各省（自治区、直辖市）根据本地实际情况制定相应或配套的区域性政策、规范或准则；同时，特种行业如旅游业制定专门的《旅游环境教育规划通则》。通过政府规制来加强对国民环境教育工作的调控和监管，使相关行为主体在法定或约定义务的驱使下，提高对国民环境教育投入的积极性和环境教育工作的效能。

二、建立多元化的经费保障子机制

其一，上述政策法规制度调控约束机制的建立和完善可强化国民环境教育在国民道德教育体系中的法律地位，并可在一定程度上为国民环境教育的经费来源提供规制保障。其二，为拓宽经费来源的渠道，可同时建立和完善国民环境教育费税征收机制（文首文，2008）[①]。国民环境教育具有明显的正外部经济性，即具有明显的社会效益性。因此，国家开征国民环境教育税来对环境教育进行补偿符合追求社会公正、公平的立法诉求。其三，鼓励民间对国民环境教育及与之密切相关的生态保护进行慈善捐赠，这也体现了生态伦理的价值诉求，体现

---

① 文首文. 游客教育税研究. 生态经济，2008，(5)：72-74.

了人类作为相对强势主体赋予了自然这一相对弱势主体以道德关系主体地位的道德追求。

三、建立对国民环境教育客体、内容和形式的系统规划子机制

其一，要将国民环境教育的决策者、管理者、教育工作者本身和社区居民等与处于客体核心地位的各级各类学校的学生一并纳入国民环境教育的客体体系，使前者在接受环境教育的同时，有效地承担起对后者的环境教育任务（当然也包括建立和完善对上述教育主体的环境教育行为进行评比和奖励的制度和措施）。其二，在国民环境教育内容的确定上，要紧贴生态文明建设的时代背景，结合地域的环境问题特点以及资源和生态系统特色，以提高国民的环境道德水平和环境忧患意识为主要目标。其三，在教育形式上，除提高广大教育主体的环境解说素质外，还要注重完善国民环境教育的综合环境解说系统，尤其要注重建设以综合性环境教育中心、电子解说牌、环境保护指南等多媒体共生的、操作使用方便的自导式环境解说系统。

四、建立环境行为的引导、监控和奖惩子机制

全国都应采取有效的管理措施、防范措施，对问题环境行为的特征与影响有清醒、深刻的认识，重视对其进行引导、规范和监控。其一，各种相关场所应提供各种设施，使受教育对象兼环境行为主体便于、乐于负责任地处理废弃物，包括设置必要的、美观醒目的标牌，配置有亲和力的标牌说明文字或提醒文字，提示行为主体注意自我行为的约束。其二，应制定比较完备的规章制度对可能出现的各种环境行为问题尤其是故意破坏行为加大制约力度。其三，应根据各个场合

的环境特点和国民环境行为特点，设立必要的监控点，配备（置）必要的监控设施和监控人员，实施环境行为引导，特别是及时地提醒和劝阻一些有问题的环境行为，防止原生危害结果的发生或次生危害结果的诱发。其四，应激励各种环境教育主体（如学校的教学管理和服务经营人员等）以身作则，带头爱护环境，发挥积极行为的示范作用，如各级各类学校组织教职工与环保志愿者一起开展环保活动，强化工作人员的环保意识，同时起到对公众的宣传作用。其五，应建立通畅的问题反映渠道，便于国民环境教育的受众反映问题和意见，及时消除不满情绪，预防破坏性行为的发生。

五、建立多元化环境教育主体的联动和广泛的社会参与子机制

国民环境教育是个系统工程，涉及多元教育主体的联动和配合。其一，身处不同组织、行业、地域、时空的国民环境教育主体，要做到分工又合作，对学生进行全过程的教育，形成合力，防止顾此失彼，更不能相互制掣。其二，国民环境教育政策的制定者、法规的执行者、环境教育科学的研究者、环境教育用品的提供者、大众传播媒体、非政府组织等作为社会（"课外"）环境教育的当然主体，是培植生态文化、营造国民环境教育氛围以及培养和造就生态型国民的重要力量。其中，教师在日常教学工作中应有意识地增加与环境、景观保护有关的内容，使学生在生动有趣的活动中获得相关的环境知识。而德育部门、政府环保部门、民间环保组织、教育管理部门应加强环境保护问题重要性的宣传，大力宣传生态经济建设与生态环境保护之间的互利共生关系以及生产生活可能给环境造成的损害，提高公众的环保意识，要使公众深刻地认识到保护生态环境是生态经济可持续发展的前提。

六、建立国民环境教育的科研保障子机制

国民环境教育具有典型的跨学科性和复杂性,其实践活动有赖于相关理论研究的推动和指导。学科支持、专业支撑和学术交流等是推动国民环境教育的科研保障机制建立的重要渠道。为指导当前的国民环境教育实践,提高科学性和实效性,减少实践活动的盲目性和随意性,有必要组织跨学科的研究人员就国民环境教育的理论和实践问题进行系统的研究,并推动研究成果的有效转化。其中,教育研究者应重视和加强对学生群体环境行为问题的研究,发现其中的特征、发生机制和变化规律,为国民环境管理工作提供科学的决策依据。全国性或行业性的教育协会可在条件成熟时研究制定《国民环境教育伦理》或《行业环境伦理规范》之类的手册,作为非强制性的推荐指南在全社会/全行业推广,以使相关环境教育客体意识到自己对环境应负的责任,了解必要的行为规范,从而有效地约束自己有问题的行为。

七、建立国民环境教育的人力资源保障子机制

国民环境教育的人力资源保障子机制的建立有赖于以下两个方面:其一,在师范院校或专业院系的正规师范教育中应着力加强国民强环境教育人才的培养。这些国民环境教育人才是未来国民环境教育事业人力资源的重要来源。为使"职中"的环境教育从业人员具备合格的环境教育素质,需要各类师范院校在"职前"对其环境教育类专业的学生——"准从业人员"或"潜在从业人员"进行有针对性的"专业教育",通过专业教育中数年的课堂教学、课外活动、校外实习等教学(教育)环节的实施,使这些学生除获得一般教育从业人员的基本素质外,还应使其具备从事国民环境教育活动所应具备的知识、意识、

道德、技能等要求——对其进行全方位的环境素质教育。这是国民环境教育事业对师范教育事业的现实要求。从某种意义上来说，对师范专业学生上述教育教学的要求，将为我国国民环境教育的展开提供坚实的人才保障和智力支持。其二，在学校的非正规环境教育中应着力加强对教职工的在职培训和继续教育。国民环境教育归根结底主要是由上述从业人员来实施的。这些从业人员要胜任国民环境教育的重任，首先必须自己先接受教育，使自己获得应有的环境知识，培养应有的环境意识和环境教育意识，掌握应有的环境教育技能，树立应有的环境伦理道德观念等。同时，必须注重引导他们锻炼在日常工作中践行环境伦理的能力，引导他们保持对自身境行为的元认知，时刻反观自己的环境行为是否符合环境道德的要求，并努力克服环境行为问题（如在公共场所吸烟、乱丢垃圾、发出过大噪声影响他人学习或休息等）；此外，要引导他们在工作外的其他场所同样要一如既往地践行环境伦理，不断提高环境道德修养水平，如在家庭生活中注意节水节电，主动使用和体验环保型产品及服务（如使用节能灯等），主动参加有益于环境保护的公益活动，积极参加旨在保护环境的社团活动（如湿地使者行动等），为本单位提出环保节能的合理化建议；等等。

第九章
结论与讨论

第一节 结论

从某种意义上来说,生态文明建设(包括生态经济区建设)实质上是面向全社会的国家生态文化发展战略,国民对环境正义、生态伦理等的价值追求使它应从国民环境教育事业层面上担任起进行环境教育、培植生态文化的先锋队角色。机制决定机能,决定效率,决定效益。研究表明,国民环境教育的机制建设必须以生态学、教育学、心理学、传播学、管理学理论以及系统论为理论指导,同时必须建立起一套评价指标体系来对国民环境教育机制建设的共生度进行评价,这样不同地域的国民环境教育机制建设的共生度就获得了一种可进行横向比较的、较为科学合理的方法。本书提出的评价指标体系是由14个准则、26个领域、38个4级指标组成的评价指标体系,其中准则层的

14个指标分别为国民环境教育政策制度调控约束子机制、国民环境教育规划（计划）子机制、国民环境教育主体的联动和参与子机制、国民环境教育客体的联动和交流子机制、国民环境教育媒体的综合利用子机制、国民环境教育资源的综合发掘子机制、国民环境教育内容与目标设计的协调子机制、国民环境教育时空联动子机制、国民环境行为的引导和监控及奖惩子机制、国民环境教育组织保障子机制、国民环境教育经费保障子机制、国民环境教育的科研保障子机制、国民环境教育的人力资源保障子机制、国民环境教育的对外合作交流子机制。该评价指标体系可用于国民环境教育机制构建共生度评价的实证研究。当前我国在国民环境教育机制建设方面的问题可以通过政策法规制度调控约束子机制、多元化的经费保障子机制、对环境教育客体及内容和形式的系统规划子机制、对客体环境行为的引导和监控及奖惩子机制、国民环境教育主体的多方联动和广泛的社会参与子机制、科研保障子机制、人力资源保障子机制七个子机制的建设来进行系统的破解。也只有当这些子机制系统地建立起来并相互作用时，国民环境教育对区域生态文明建设和生态经济建设的积极响应才能真正实现。

第二节 讨论

本书建立了一套国民环境教育机制建设共生度的评价指标体系，应该是本书的一个创新点。但评价指标是通过专家咨询法、层次分析法、问卷调查法等方法来获取的。由于在专家的专业背景、人员数量等方面的选择上以及专家问卷调查表的设计上难免带有一定的主观性，得出的指标体系可能还欠合理。同时，由于指标的测度具有较大的困难，且受到时间及研究经费的限制，再加上课题组研究水平和研究经验有限,本书并未利用上述评价指标体系对国内不同区域的国民环境教育机制建设的共生度进行横向比较的实证研究,只是从受众感知的视角并仅采纳国民环境教育机制建设共生度的评价指标体系准则层14个指标中的6个指标来初步测评公众对国民环境教育机制共生的感知度。此外,本书提出通过机制再造策略来优化国内国民环境教育的效果,可能找到了破解国内国民环境教育效率低下问题的一个途径,但这些策略是否全面和可行,尚有待实践的检验。关于上述三方面的问题,笔者将持续关注,力图进一步开展后续研究。

附 录

附录1
国民环境教育机制建设共生指数评价指标专家调查表（第一轮）

尊敬的专家：

您好！

我们是教育部人文社科 2010 年规划项目"生态文明建设视阈下国民环境教育的共生机制研究"课题组，正在对国内公众感知的国民环境教育机制共生问题进行研究，以期能够找到提高国民环境教育机制共生度进而提高整体教育效果的办法。鉴于您是这一领域的专家，对环境教育有深入的了解，请您协助我们进行这方面的调查。我们将在课题报告中对您的贡献表示感谢。

"生态文明建设视阈下国民环境教育的共生机制研究"课题组

2014 年 9 月

附 录

请您独立写出您认为可用于评价国民环境教育机制建设共生指数的各种因子，因子个数不限、类型不限、顺序不限（可另附页）。

编号：

序号	指标名称	序号	指标名称
1		34	
2		35	
3		36	
4		37	
5		38	
6		39	
7		40	
8		41	
9		42	
10		43	
11		44	
12		45	
13		46	
14		47	
15		48	
16		49	
17		50	
18		51	
19		52	
20		53	
21		54	
22		55	
23		56	
24		57	
25		58	
26		59	
27		60	
28		61	
29		62	
30		63	
31		64	
32		65	
33		66	

续表

序号	指标名称	序号	指标名称
67		94	
68		95	
69		96	
70		97	
71		98	
72		99	
73		100	
74		101	
75		102	
76		103	
77		104	
78		105	
79		106	
80		107	
81		108	
82		109	
83		110	
84		111	
85		112	
86		113	
87		114	
88		115	
89		116	
90		117	
91		118	
92		119	
93		120	

请填写您的个人信息：

姓名：　　　　　　　单位：　　　　　　　职称：

研究领域：

衷心感谢您对我们工作的大力支持和协助！

附录2
国民环境教育机制建设共生指数评价指标专家调查表（第二轮）

尊敬的专家：

您好！

我们是教育部人文社科 2010 年规划项目"生态文明建设视阈下国民环境教育的共生机制研究"课题组，正在对国内公众感知的国民环境教育机制共生问题进行研究，以期能够找到提高国民环境教育机制共生度进而提高整体教育效果的办法。鉴于您是这一领域的专家，对环境教育有深入的了解，请您协助我们进行这方面的调查。我们将在课题报告中对您的贡献表示感谢。

"生态文明建设视阈下国民环境教育的共生机制研究"课题组

2014 年 9 月

请在下表中钩选出您认为可用来评价国民环境教育机制建设共生指数的各种因子（请在指标后的空格中打"√"）。

编号	指标名称	选择	编号	指标名称	选择
1	校级环境素质教育相关制度		31	园林管理人员参与环境教育	
2	校园生态文化建设相关制度		32	专业关联度高的研究人员参与环境教育	
3	环境或生态类专业院（系）相关制度		33	专业关联度低的研究人员参与环境教育	
4	非环境或生态类专业院（系）相关制度		34	大学生社会实践外聘指导教师参与环境教育	
5	宣传部门相关制度		35	大学生毕业实习外聘指导教师参与环境教育	
6	环境类必修课学分制		36	环保类国家工作人员参与环境教育	
7	环境类选修课学分制		37	生态类国家工作人员参与环境教育	
8	校工会相关环境教育制度		38	环保类科学研究人员参与环境教育	
9	学生处相关环境教育制度		39	生态类科学研究人员参与环境教育	
10	膳食管理部门相关环境教育制度		40	报纸类新闻工作者参与环境教育	
11	园林绿化处相关环境教育制度		41	电视类新闻工作者参与环境教育	
12	班委会相关环境教育制度		42	网络类新闻工作者参与环境教育	
13	团支部相关环境教育制度		43	离退休人员参与环境教育	
14	校级环境教育规划		44	环保类职业学生家长参与环境教育	
15	院（系）级环境教育规划		45	非环保类职业学生家长参与环境教育	
16	宣传部环境教育规划		46	明星类环保大使参与环境教育	
17	教务处环境教育规划		47	环境类专业大学生接受环境教育	
18	工会环境教育规划		48	非环境类专业大学生接受环境教育	
19	学生处环境教育规划		49	环境类专业研究生接受环境教育	
20	膳食管理部门环境教育规划		50	非环境类专业研究生接受环境教育	
21	园林绿化处环境教育规划		51	环境类专业教师接受环境教育	
22	班委会环境教育计划		52	非环境类专业教师接受环境教育	
23	团支部环境教育计划		53	教学管理人员接受环境教育	
24	专业关联度高的教师参与环境教育		54	宣传部门人员接受环境教育	
25	专业关联度低的教师参与环境教育		55	团委系列人员接受环境教育	
26	教学管理人员参与环境教育		56	学生工作部门人员接受环境教育	
27	宣传部门人员参与环境教育		57	后勤服务人员接受环境教育	
28	团委系列人员参与环境教育		58	园林管理人员接受环境教育	
29	学生工作部门人员参与环境教育		59	专业关联度高的研究人员接受环境教育	
30	后勤服务人员参与环境教育		60	专业关联度低的研究人员接受环境教育	

续表

编号	指标名称	选择	编号	指标名称	选择
61	政府部门公务员接受环境教育		81	利用生态知识解说牌进行环境教育	
62	企业单位管理人员接受环境教育		82	利用环境行为警示牌进行环境教育	
63	大学生的家长接受环境教育		83	利用液晶显示环保口号进行环境教育	
64	周边中小学学生接受环境教育		84	利用自然博物馆进行环境教育	
65	社区居民接受环境教育		85	利用动物标本进行环境教育	
66	学生实习或实践单位的员工接受环境教育		86	利用植物标本进行环境教育	
67	利用课堂进行专题或渗透式环境教育		87	利用花圃进行环境教育	
68	利用书本进行环境教育		88	利用车身公益广告进行环境教育	
69	利用杂志进行环境教育		89	利用车载电视进行环境教育	
70	利用宣传画进行环境教育		90	发掘校内植物群落分布特征内涵制作环境教育材料	
71	利用无线广播进行环境教育		91	发掘校内动物群落分布特征内涵制作环境教育材料	
72	利用有线广播进行环境教育		92	发掘校内民族的多样性内涵制作环境教育材料	
73	利用无线电视进行环境教育		93	发掘校内宗教信仰的多样性内涵制作环境教育材料	
74	利用有线电视进行环境教育		94	发掘校内排污系统内涵制作环境教育材料	
75	利用万维网新闻进行环境教育		95	发掘太阳能路灯节能内涵制作环境教育材料	
76	利用校内局域网新闻进行环境教育		96	发掘风能路灯节能内涵制作环境教育材料	
77	利用电子邮件进行环境教育		97	发掘节能车辆节能内涵制作环境教育材料	
78	利用网络论坛进行环境教育		98	发掘节能灯具节能内涵制作环境教育材料	
79	利用QQ群进行环境教育		99	发掘节能空调节能内涵制作环境教育材料	
80	利用博客进行环境教育		100	发掘食堂可降解型饭盒环保内涵节能内涵	

续表

编号	指标名称	选择	编号	指标名称	选择
101	制作环境教育材料		125	树立文化多样性的观念	
102	发掘节能环保标兵的事迹内涵制作环境教育材料		126	树立宗教多样性的观念	
103	发掘污染性事件反面内涵制作环境教育材料		127	树立关注他人休憩便利的观念	
104	发掘校内生态文化内涵节能内涵制作环境教育材料		128	树立关注他人消费便利的观念	
105	发掘校园周边社区传统生态文化制作环境教育材料		129	树立消费的权利与义务对等的观念	
106	传播植物学知识		130	能对环境质量的评价	
107	传播水资源知识		131	能对生态问题的评价	
108	传播环境污染知识		132	能对他人积极环境行为的评价	
109	传播环境污染法律责任知识		133	能对他人消极环境行为的评价	
110	传授垃圾处置技能		134	能对优化环境教育效果的建议	
111	传授废旧电池处置技能		135	形成环保公益捐赠意愿	
112	传授减少植物踩踏技能		136	形成毕业后继续从事环境学习的意愿	
113	传授节约用水技能		137	形成毕业后热心环境事业的意愿	
114	传授节约用电技能		138	形成毕业后从事环保职业的意愿	
115	传授节约粮食技能		139	国民环境教育应与中小学环境教育对接与联动	
116	激发从事环境保护的主动性		140	国民环境教育应与社会环境教育对接与联动	
117	加强对环境保护义务的感知				
118	使产生对环境问题的忧患		141	国民环境教育应与家庭环境教育对接与联动	
119	加强对自身环境影响的感知		142	应引导节能行为	
			143	应引导节水行为	
120	使提高使用环境教育媒体的主动性		144	应引导关注他人便利行为	
121	树立人与自然平等关系观念		145	应引导低环境影响行为	
122	树立环境权益代内公平观念		146	可采用摄像头监控环境行为	
123	树立环境权益代际公平观念		147	可安排专职人员监控环境行为	
124	树立关注弱势群体的观念		148	可安排志愿者监控环境行为	

续表

编号	指标名称	选择	编号	指标名称	选择
149	应对积极的环境行为进行奖励		171	安排有校级环境教育计划内经费	
150	应对消极的环境行为进行惩罚		172	安排有校级环境教育计划外经费	
151	应设立校级环境教育专职机构		173	安排有院级环境教育计划内经费	
152	应设立校级环境教育兼职机构		174	安排有职能部门环境教育计划外经费	
153	应设立校级环境教育专职人员		175	安排有系（室）级环境教育计划内经费	
154	应设立校级环境教育兼职人员		176	安排有系（室）级环境教育计划外经费	
155	职能部门应设立环境教育专职机构		177	安排有班级环境教育计划内经费	
156	职能部门应设立环境教育兼职机构		178	安排有班级环境教育计划外经费	
157	职能部门应设立环境教育专职人员		179	接受到环保公益捐赠	
158	职能部门应设立环境教育兼职人员		180	招聘或调入生态学类专业师资作为环境教育主体	
159	院级组织应设立环境教育专职机构		181	招聘或调入环境科学类专业师资作为环境教育主体	
160	院级组织应设立环境教育兼职机构		182	招聘或调入与环境教育有关的文科类师资作为环境教育主体	
161	院级组织应设立环境教育专职人员		183	招聘或调入与环境教育有关的理科类师资作为环境教育主体	
162	院级组织应设立环境教育兼职人员		184	对管理经营服务人员进行在职环境教育能力培训	
163	系（室）级组织应设立环境教育专职机构		185	吸收环境科学或生态学类学生参与环境教育	
164	系（室）级组织应设立环境教育兼职机构		186	吸收非环境科学或生态学类学生参与环境教育	
165	系（室）级组织应设立环境教育专职人员		187	为环境教育目的开展生态学研究	
166	系（室）级组织应设立环境教育兼职人员		188	为环境教育目的开展环境科学研究	
167	班级组织应设立环境教育专职机构		189	为环境教育目的开展伦理学研究	
168	班级组织应设立环境教育兼职机构		190	为环境教育目的开展绿色大学研究	
169	班级组织应设立环境教育专职人员		191	为环境教育目的开展校园生态文化研究	
170	班级组织应设立环境教育兼职人员		192	为环境教育目的开展科学发展观研究	

续表

编号	指标名称	选择	编号	指标名称	选择
193	为环境教育目的开展和谐社会研究		201	为环境教育目的与国外环境教育组织合作	
194	为环境教育目的开展生态文明研究		202	为环境教育目的与其他省的大学合作	
195	为环境教育目的开展环境教育方法的教育学		203	为环境教育目的与其他省的环境教育机构合作	
196	为环境教育目的开展环境教育方法的心理学		204	为环境教育目的与其他省的环境教育基地合作	
197	为环境教育目的开展环境教育方法的社会学		205	为环境教育目的与生态经济区内的大学合作	
198	为环境教育目的开展环境教育方法的传播学		206	为环境教育目的与其他生态经济区内的环境教育机构合作	
199	为环境教育目的与国际机构合作		207	与生态经济区内的环境教育基地合作	
200	为环境教育目的与国外大学合作				

请填写您的个人信息：

姓名：　　　　　　　**单位：**　　　　　　　**职称：**

研究领域：

再次衷心感谢您对我们工作的大力支持和协助！

附录3
国民环境教育机制建设共生指数评价指标专家调查表（第三轮）

尊敬的专家：

　　您好！

　　我们是教育部人文社科 2010 年规划项目"生态文明建设视阈下国民环境教育的共生机制研究"课题组，正在对国内公众感知的国民环境教育机制共生问题进行研究，以期能够找到提高国民环境教育机制共生度进而提高整体教育效果的办法。鉴于您是这一领域的专家，对环境教育有深入的了解，请您协助我们进行这方面的调查。我们将在课题报告中对您的贡献表示感谢。

"生态文明建设视阈下国民环境教育的共生机制研究"课题组

2014 年 9 月

　　请您按照对评价"国民环境教育机制建设共生指数"重要性程度对以下指标的重要性进行选择。

编号	指标名称	重要性选择 说明：(1)"13"代表很重要，"1"代表很不重要，由"13"到"1"重要性程度依次降低；(2)请将选中的数字填在最右列。												选择
1	各级组织制定和完善环境教育制度	13	12	11	10	9	8	7	6	5	4	3	2	1	
2	制订环境类必（选）修课学分管理制度	13	12	11	10	9	8	7	6	5	4	3	2	1	
3	各级组织制定环境教育规划（计划）	13	12	11	10	9	8	7	6	5	4	3	2	1	
4	全校教职工参与环境教育	13	12	11	10	9	8	7	6	5	4	3	2	1	
5	学生社会实践或实习指导教师参与环境教育	13	12	11	10	9	8	7	6	5	4	3	2	1	
6	生态环保类国家工作人员参与环境教育	13	12	11	10	9	8	7	6	5	4	3	2	1	
7	高校学生接受环境教育	13	12	11	10	9	8	7	6	5	4	3	2	1	
8	教职员工接受环境教育	13	12	11	10	9	8	7	6	5	4	3	2	1	
9	利用纸质材料进行环境教育	13	12	11	10	9	8	7	6	5	4	3	2	1	
10	利用广播进行环境教育	13	12	11	10	9	8	7	6	5	4	3	2	1	
11	利用电视进行环境教育	13	12	11	10	9	8	7	6	5	4	3	2	1	
12	利用互联互联网进行环境教育	13	12	11	10	9	8	7	6	5	4	3	2	1	
13	利用生态知识解说牌进行环境教育	13	12	11	10	9	8	7	6	5	4	3	2	1	
14	利用环境行为警示牌进行环境教育	13	12	11	10	9	8	7	6	5	4	3	2	1	
15	利用液晶显示环保口号进行环境教育	13	12	11	10	9	8	7	6	5	4	3	2	1	
16	发掘校内生物群落分布特征内涵制作环境教育材料	13	12	11	10	9	8	7	6	5	4	3	2	1	
17	发掘校内文化的多样性内涵制作环境教育材料	13	12	11	10	9	8	7	6	5	4	3	2	1	
18	发掘校内排污系统内涵制作环境教育材料	13	12	11	10	9	8	7	6	5	4	3	2	1	
19	发掘节能设备设施和用品的环保内涵制作环境教育材料	13	12	11	10	9	8	7	6	5	4	3	2	1	
20	发掘节能环保标兵的事迹内涵制作环境教育材料	13	12	11	10	9	8	7	6	5	4	3	2	1	
21	发掘校园周边社区传统生态文化制作环境教育材料	13	12	11	10	9	8	7	6	5	4	3	2	1	
22	传播生态和环境知识	13	12	11	10	9	8	7	6	5	4	3	2	1	
23	传播环境污染法律责任知识	13	12	11	10	9	8	7	6	5	4	3	2	1	
24	传授垃圾处置技能	13	12	11	10	9	8	7	6	5	4	3	2	1	
25	传授节能降耗技能	13	12	11	10	9	8	7	6	5	4	3	2	1	
26	激发从事环境保护的主动性	13	12	11	10	9	8	7	6	5	4	3	2	1	

续表

编号	指标名称	重要性选择 说明：(1)"13"代表很重要，"1"代表很不重要，由"13"到"1"重要性程度依次降低；(2)请将选中的数字填在最右列。												选择
27	加强对环境保护义务的感知	13	12	11	10	9	8	7	6	5	4	3	2	1	
28	加强对自身环境影响的感知	13	12	11	10	9	8	7	6	5	4	3	2	1	
29	使提高使用环境教育媒体的主动性	13	12	11	10	9	8	7	6	5	4	3	2	1	
30	树立人与自然平等关系观念	13	12	11	10	9	8	7	6	5	4	3	2	1	
31	树立环境权益代内公平观念	13	12	11	10	9	8	7	6	5	4	3	2	1	
32	树立环境权益代际公平观念	13	12	11	10	9	8	7	6	5	4	3	2	1	
33	树立关注弱势群体的观念	13	12	11	10	9	8	7	6	5	4	3	2	1	
34	树立文化多样性的观念	13	12	11	10	9	8	7	6	5	4	3	2	1	
35	树立关注他人休憩便利的观念	13	12	11	10	9	8	7	6	5	4	3	2	1	
36	树立关注他人消费便利的观念	13	12	11	10	9	8	7	6	5	4	3	2	1	
37	能对优化环境教育效果的建议	13	12	11	10	9	8	7	6	5	4	3	2	1	
38	形成毕业后继续从事环境学习的意愿	13	12	11	10	9	8	7	6	5	4	3	2	1	
39	国民环境教育应与中小学环境教育对接与联动	13	12	11	10	9	8	7	6	5	4	3	2	1	
40	国民环境教育应与社会环境教育对接与联动	13	12	11	10	9	8	7	6	5	4	3	2	1	
41	应引导节约行为	13	12	11	10	9	8	7	6	5	4	3	2	1	
42	应引导关注他人便利行为	13	12	11	10	9	8	7	6	5	4	3	2	1	
43	应引导低环境影响行为	13	12	11	10	9	8	7	6	5	4	3	2	1	
44	可安排专职人员监控环境行为	13	12	11	10	9	8	7	6	5	4	3	2	1	
45	可安排志愿者监控环境行为	13	12	11	10	9	8	7	6	5	4	3	2	1	
46	应对积极的环境行为进行奖励	13	12	11	10	9	8	7	6	5	4	3	2	1	
47	应对消极的环境行为进行惩罚	13	12	11	10	9	8	7	6	5	4	3	2	1	
48	设立各个级别的环境教育专（兼）机构	13	12	11	10	9	8	7	6	5	4	3	2	1	
49	各个级别组织应配置的环境教育专（兼）人员	13	12	11	10	9	8	7	6	5	4	3	2	1	
50	校级组织应安排有环境教育专项经费	13	12	11	10	9	8	7	6	5	4	3	2	1	
51	招聘或调入生态学类专业师资作为环境教育主体	13	12	11	10	9	8	7	6	5	4	3	2	1	
52	招聘或调入环境科学类专业师资作为环境教育主体	13	12	11	10	9	8	7	6	5	4	3	2	1	
53	吸收环境科学或生态学类学生参与环境教育	13	12	11	10	9	8	7	6	5	4	3	2	1	

续表

编号	指标名称	重要性选择 说明：(1)"13"代表很重要，"1"代表很不重要，由"13"到"1"重要性程度依次降低；(2)请将选中的数字填在最右列。	选择
54	吸收非环境科学或生态学类学生参与环境教育	13 12 11 10 9 8 7 6 5 4 3 2 1	
55	为环境教育目的加强教育学、心理学等理论研究	13 12 11 10 9 8 7 6 5 4 3 2 1	
56	为环境教育目的与生态经济区内的大学合作	13 12 11 10 9 8 7 6 5 4 3 2 1	
57	为环境教育目的与其他生态经济区内的环境教育机构合作	13 12 11 10 9 8 7 6 5 4 3 2 1	

请填写您的个人信息：

姓名：   **单位：**   **职称：**

研究领域：

再次感谢您对我们工作的大力支持和协助！

附录4
国民环境教育机制建设共生指数评价指标专家调查表（第四轮）

尊敬的专家：

您好！

我们是教育部人文社科2010年规划项目"生态文明建设视阈下国民环境教育的共生机制研究"课题组，正在对国内公众感知的国民环境教育机制共生问题进行研究，以期能够找到提高国民环境教育机制共生度进而提高整体教育效果的办法。鉴于您是这一领域的专家，对环境教育有深入的了解，请您协助我们进行这方面的调查。我们将在课题报告中对您的贡献表示感谢。

"生态文明建设视阈下国民环境教育的共生机制研究"课题组

2014年9月

请您按照根据对"国民环境教育机制建设共生指数"重要性程度对以下指标的重要性进行选择。

序号	指标	重要性 请将选中的选项序号填入最右列的相应行内					选择
1	各级组织制定和完善环境教育制度	5 很重要	4 重要	3 一般	2 不重要	1 很不重要	
2	制定环境类必（选）修课学分管理制度	5 很重要	4 重要	3 一般	2 不重要	1 很不重要	
3	各级组织制定环境教育规划（计划）	5 很重要	4 重要	3 一般	2 不重要	1 很不重要	
4	全校教职工参与环境教育	5 很重要	4 重要	3 一般	2 不重要	1 很不重要	
5	全校学生接受环境教育	5 很重要	4 重要	3 一般	2 不重要	1 很不重要	
6	全校教职员工接受环境教育	5 很重要	4 重要	3 一般	2 不重要	1 很不重要	
7	利用纸质材料进行环境教育	5 很重要	4 重要	3 一般	2 不重要	1 很不重要	
8	利用课堂教学渗透环境教育	5 很重要	4 重要	3 一般	2 不重要	1 很不重要	
9	利用广播进行环境教育	5 很重要	4 重要	3 一般	2 不重要	1 很不重要	
10	利用互联互联网进行环境教育	5 很重要	4 重要	3 一般	2 不重要	1 很不重要	
11	利用生态知识解说牌进行环境教育	5 很重要	4 重要	3 一般	2 不重要	1 很不重要	
12	利用环境行为警示牌进行环境教育	5 很重要	4 重要	3 一般	2 不重要	1 很不重要	
13	发掘校内生物群落分布特征内涵制作环境教育材料	5 很重要	4 重要	3 一般	2 不重要	1 很不重要	
14	发掘节能设备设施和用品的环保内涵制作环境教育材料	5 很重要	4 重要	3 一般	2 不重要	1 很不重要	

续表

序号	指标	重要性					选择
		请将选中的选项序号填入最右列的相应行内					
15	发掘校园周边社区传统生态文化制作环境教育材料	5 很重要	4 重要	3 一般	2 不重要	1 很不重要	
16	传播生态和环境知识	5 很重要	4 重要	3 一般	2 不重要	1 很不重要	
17	传授垃圾处置技能	5 很重要	4 重要	3 一般	2 不重要	1 很不重要	
18	传授节能降耗技能	5 很重要	4 重要	3 一般	2 不重要	1 很不重要	
19	加强对环境保护义务的感知	5 很重要	4 重要	3 一般	2 不重要	1 很不重要	
20	加强对自身环境影响的感知	5 很重要	4 重要	3 一般	2 不重要	1 很不重要	
21	树立人与自然平等关系观念	5 很重要	4 重要	3 一般	2 不重要	1 很不重要	
22	树立文化多样性的观念	5 很重要	4 重要	3 一般	2 不重要	1 很不重要	
23	树立关注他人休憩便利的观念	5 很重要	4 重要	3 一般	2 不重要	1 很不重要	
24	树立关注他人消费便利的观念	5 很重要	4 重要	3 一般	2 不重要	1 很不重要	
25	形成毕业后继续从事环境学习的意愿	5 很重要	4 重要	3 一般	2 不重要	1 很不重要	
26	国民环境教育应与社会环境教育对接与联动	5 很重要	4 重要	3 一般	2 不重要	1 很不重要	
27	应引导节约行为	5 很重要	4 重要	3 一般	2 不重要	1 很不重要	
28	应引导关注他人便利行为	5 很重要	4 重要	3 一般	2 不重要	1 很不重要	
29	可安排志愿者监控环境行为	5 很重要	4 重要	3 一般	2 不重要	1 很不重要	
30	应对积极的环境行为进行奖励	5 很重要	4 重要	3 一般	2 不重要	1 很不重要	
31	应对消极的环境行为进行惩罚	5 很重要	4 重要	3 一般	2 不重要	1 很不重要	
32	设立各个级别的环境教育专（兼）机构	5 很重要	4 重要	3 一般	2 不重要	1 很不重要	
33	校级组织应安排有环境教育专项经费	5 很重要	4 重要	3 一般	2 不重要	1 很不重要	
34	招聘或调入生态学（环境科学）类专业师资作为环境教育主体	5 很重要	4 重要	3 一般	2 不重要	1 很不重要	
35	吸收学生参与环境教育	5 很重要	4 重要	3 一般	2 不重要	1 很不重要	
36	为环境教育目的加强教育学、心理学等理论研究	5 很重要	4 重要	3 一般	2 不重要	1 很不重要	
37	为环境教育目的与生态经济区内的大学合作	5 很重要	4 重要	3 一般	2 不重要	1 很不重要	
38	为环境教育目的与其他生态经济区内的环境教育机构合作	5 很重要	4 重要	3 一般	2 不重要	1 很不重要	

附录 5
国民环境教育机制建设共生指数评价指标专家调查表(第五轮)

尊敬的专家:

您好!

我们是教育部人文社科 2010 年规划项目"生态文明建设视阈下国民环境教育的共生机制研究"课题组,正在对国内公众感知的国民环境教育机制共生问题进行研究,以期能够找到提高国民环境教育机制共生度进而提高整体教育效果的办法。鉴于您是这一领域的专家,对环境教育有深入的了解,请您协助我们进行这方面的调查。我们将在课题报告中对您的贡献表示感谢。

"生态文明建设视阈下国民环境教育的共生机制研究"课题组

2014 年 9 月

请您按照两两比较的相对重要性程度对以下各评价矩阵中指标的重要性尺度进行选择。

指标（Xij）准则层	j=1 制度	j=2 规(计)划	j=3 主体联动	j=4 客体联动	j=5 媒体利用	j=6 资源发掘	j=7 内容与目标	j=8 时空联动	j=9 行为引导	j=10 组织保障	j=11 经费保障	j=12 人力资源保障	j=13 科研保障	j=14 对外合作交流
i=1 制度	1													
i=2 规(计)划		1												
i=3 主体联动			1											
i=4 客体联动				1										
i=5 媒体利用					1									
i=6 资源发掘						1								
i=7 内容与目标							1							
i=8 时空联动								1						
i=9 行为引导									1					
i=10 组织保障										1				
i=11 经费保障											1			
i=12 人力资源保障												1		
i=13 科研保障													1	
i=14 对外合作交流														1

说明：①指标群中"技能"主要指环境保护技能或低影响技能，"行为"主要指环境保护行为及对他人问题环境行为的干预行为，"意愿"主要指旅游者的环保公益捐赠意愿、"游后"注重环境保护及资源节约的意愿、再次或多次参加生态旅游的意愿以及继续从事环境学习的意愿，其他指标的含义请参见领域层及指标层的相关解释；②本调查表已经利用Excel设计好了计算公式，请您在空白栏内输入重要性比较尺度，比较尺度的含义如下表：

尺度	含义	尺度	含义
1	第i个因素与第j个因素的重要性相同	1	第j个因素与第i个因素的重要性相同
3	第i个因素比第j个因素的重要性稍强	1/3	第j个因素比第i个因素的重要性稍强
5	第i个因素比第j个因素的重要性强	1/5	第j个因素比第i个因素的重要性强
7	第i个因素比第j个因素的重要性明显强	1/7	第j个因素比第i个因素的重要性明显强
9	第i个因素比第j个因素的重要性绝对强	1/9	第j个因素比第i个因素的重要性绝对强

注：2、4、6、8及1/2、1/4、1/6、1/8表示第i个因素相对于第j个因素（或反过来）的重要性介于上述两个相邻等级之间（下同）。

附录 6
国民环境教育感知调查问卷之"G1 法指标权重计算的专家问卷"

说 明

国民环境教育共生机制是国民环境教育研究领域的重要主题之一,而国民环境教育机制的共生度评价又是该领域一个富有挑战性的研究议题,研究结果将对国民环境教育问题的诊断和效果提升均具有重要的启示意义。本书在参考其他相关领域学者关于评价指标体系构建一般原则的基础上,根据国民环境教育机制共生度评价的具体特点,综合运用头脑风暴法、专家咨询法、层次分析法、聚类法等构建了包含 3 个层次 26 项评价指标的基于受众感知的国民环境教育机制的共生度评价模型及指标体系。其中,构建了包含主体共生、客体共生、媒体共生、内容共生、教育干预与行为引导共生、资源共生 6 个一级指标(见表 1)。现采用 G1 法对评价指标的权重进行问卷,请您按以下步骤进行填写相关内容,谢谢!

(本问卷所获取资料仅用于理论研究,不做他用,请您根据自己的判断填写以下内容)

表 1 国民环境教育机制的共生度评价指标体系

序号	名称	权重	共生度						
			特别高	非常高	很高	一般	很低	非常低	特别低
			[54, 60]	[48, 53]	[42, 57]	[36, 41]	[30, 35]	[24, 29]	[0, 23]
1	主体共生								
2	客体共生								

续表

序号	名称		权重	共生度						
				特别高	非常高	很高	一般	很低	非常低	特别低
				[54, 60]	[48, 53]	[42, 57]	[36, 41]	[30, 35]	[24, 29]	[0, 23]
3	媒体共生									
4	内容共生									
5	教育干预与行为引导共生	主体（主动）								
		客体（被动）								
6	资源共生									

一、准则层对目标层的权重

1. 请对准则层以下 6 个指标进行重要性程度由大到小进行排序：

S：主体共生

O：客体共生

M：媒体共生

C：内容共生

EL：教育干预与行为引导共生

R：资源共生

得到新的顺序关系，命为 X_1、X_2、X_3、X_4、X_5、X_6。请填写它们与原指标的对应关系：

$X_1 =$ $X_2 =$

$X_3 =$ $X_4 =$

$X_5 =$ $X_6 =$

2. 根据您的排序顺序，根据表 1，给出相邻指标 X_{i-1} 与 X_i（i = 2，3，4）重要性程度之比 r_i 的理性赋值填入表 2。

表 2　相邻指标重要性比例标度

r_i 的赋值	定义
1.0	指标 X_{i-1} 与指标 X_i 具有同样重要性
1.1	指标 X_{i-1} 比指标 X_i 稍微重要
1.2	指标 X_{i-1} 比指标 X_i 明显重要
1.3	指标 X_{i-1} 比指标 X_i 强烈重要
1.4	指标 X_{i-1} 比指标 X_i 极端重要

表 3　相邻指标之比 r_i 的理性赋值

r_i	判断公式	赋值
r_2	X_1/X_2	
r_3	X_2/X_3	
r_4	X_3/X_4	
r_5	X_4/X_5	
r_6	X_5/X_6	

二、指标层对准则层的权重

请对准则层"教育与引导共生"的以下 2 个指标进行重要性程度由大到小进行排序：

I：主动类共生

P：被动类共生

得到新的顺序关系，命为 X_1、X_2。请填写它们与原指标的对应关系：

$X_1 =$　　　　　　　　$X_2 =$

表 4　相邻指标之比 r_i 的理性赋值

r_i	判断公式	赋值
r_2	X_1/X_2	

附录 7
国民环境教育感知调查问卷（校园学生类）

问卷编号：　学校名称：　　　年级：　　完成时间：

☺ 尊敬的同学：

您好！

我们是教育部人文社科课题"生态文明建设视阈下国民环境教育的共生机制研究"的课题组，正在开展一项有关国民环境教育感知评价子课题的研究。研究需要进行受众调查，希望你能花费一点宝贵的时间为我们提供支持。本调查的结果只用于学术研究，不会用于其他用途。回答问卷大概要花费 10 分钟。非常感谢你的合作！

课题组
2014 年 9 月

（注：1. 本书所谓的"环境教育"是指个人或组织对学生所进行的包括环境知识、环保技能、环境伦理等方面内容的教育；2. 请在选择项前的方框内打"√"，或在空格内填写内容。）

1. 你曾经从哪些个人或组织接受过环境教育（可多选）？

□授课教师　□班主任（辅导员）　□校（院）领导　□校内水电管理人员　□环卫工人　□食堂服务人员　□团支部　□环保协会

□同学（校友）　　□家长或亲友　　□其他（请列出）

2. 你是通过何种渠道获得环境知识的（可多选）？

□教材　　□试题　　□课外科普书籍　　□杂志　　□报纸　　□户外纸质广告　　□电视　　□电影　　□广播　　□网页新闻　　□QQ空间（微信）□教师的课堂授课　　□环境保护专题宣传活动（如爱鸟周、地球日等）　　□社区活动　　□树上的解说牌　　□草地上的警示牌　　□公交车站的站牌广告　　□其他（请列出）

3. 你所接受的环境教育包含下列哪些内容（可多选）？

□环境和生态知识　　□环境污染的危害性　　□环境保护的重要性　　□垃圾分类回收的知识　　□人与自然平等的重要性　　□节能降耗的重要性　　□节电的方法　　□节水的技巧　　□本校的环境信息或问题　　□校园周围的环境信息或问题　　□其他更大空间的环境信息或问题

4. 你是否做出过不当环境行为（如乱丢垃圾、践踏草地、浪费粮食等）？

□否　□是

如"是"，旁人对你作出何种反应？

□告知危害并劝阻　　□告知危害但未劝阻　　□表示愤怒但不告知和劝阻　　□未作任何反应

5. 如果见到他人做出问题环境行为（如乱丢垃圾、践踏草地、浪费粮食等），你会如何应对？

□告知危害并劝阻　　□告知危害但不劝阻　　□表示愤怒但不说明和劝阻　　□无所谓

6. 你所获得的环境教育在内容上涉及以下哪些方面（可多选）？

□儒家经典　　□道教教义　　□佛教教义　　□地方民俗　　□马列著作　　□重要政治人物言论　　□中外名人　　□其他（请列出）

7. 你对当前你个人在学校所接受到的国民环境教育的整体满意度：

□特别满意　　□非常满意　　□比较满意　　□一般　　□不满意　　□非常不满意　　□特别不满意

8. 你认为当前学校环境教育中存在的最大问题是：

问题：

9. 你在提高学校环境教育的效果方面有什么好的建议？

建议：

以下是你的个人资料，它们是进行分类研究的依据，我们将严格为你保密，请放心填写。

10. 你的性别：□男　　□女

11. 你的年龄（岁）：□＜18　　□18～24　　□25～34

如方便，请留下你的 E-mail、QQ 或电话：＿＿＿＿＿＿

再次感谢你的合作！

附录 8
国民环境教育感知调查问卷
（公共休闲场所类）

问卷编号：　　休闲场所名称：　　　　完成时间：　　时　　分

☺ 尊敬的女士/先生：

您好！

我们是教育部人文社科课题"生态文明建设视阈下国民环境教育的共生机制研究"的课题组，正在开展一项有关国民环境教育感知评价子课题的研究。研究需要进行公共休闲场所的受众调查，希望你能花费一点宝贵的时间为我们提供支持。本调查的结果只用于学术研究，不会用于其他用途。回答问卷大概要花费 10 分钟。非常感谢你的合作！

课题组

2014 年 9 月

（注：1. 本书所谓的"环境教育"是指个人或组织对学生所进行的包括环境知识、环保技能、环境伦理等方面内容的教育；2. 请在选择项前的方框内打"√"，或在空格内填写内容。）

1. 迄今为止您从哪些个人或组织接受过环境教育（可多选）？
□教师 □家长 □导游员 □环卫工人 □专家/学者 □保护区的餐饮服务人员 □环保协会 □同伴 □其他游客 □其他（请列出）

2. 您是通过何种渠道获得环境知识的（可多选）？
□宣传折页 □门票上的图文信息 □报纸 □杂志 □户外纸质广告 □电视 □广播 □网页新闻 □QQ空间（微信） □教师的课堂授课 □环境保护专题宣传活动（如爱鸟周、地球日等） □社区活动 □树上的解说牌 □草地上的警示牌 □公交车站的站牌广告 □其他（请列出）

3. 您所接受的环境教育包含下列哪些内容（可多选）？
□环境和生态知识 □环境污染的危害性 □环境保护的重要性 □垃圾分类回收的知识 □人与自然平等的重要性 □节能降耗的重要性 □节电的方法 □节水的技巧 □本人生活起居地的环境信息 □本人生活起居地周围的环境信息 □休闲场所的环境信息或问题 □休闲场所周围的环境信息或问题 □其他更大空间的环境信息或问题

4. 您是否做出过不当环境行为（如乱丢垃圾、践踏草地、惊吓保护动物等）？
□否 □是
如"是"，旁人对您作出何种反应？
□告知危害并劝阻 □告知危害但未劝阻 □表示愤怒但不告知和劝阻 □未作任何反应

5. 如果见到他人做出问题环境行为（如乱丢垃圾、践踏草地、惊吓保护动物等）时，您将作出何种反应？

　　□告知危害并劝阻　　□告知危害但不劝阻　　□表示愤怒但不说明和劝阻　　□无所谓

6. 您所获得的环境教育在内容上涉及以下哪些方面（可多选）？

　　□儒家经典　　□道教教义　　□佛教教义　　□地方民俗　　□马列著作　　□重要政治人物言论　　□中外名人　　□其他（请列出）

7. 您对当前国家所开展的国民环境教育的整体满意度：

　　□特别满意　　□非常满意　　□比较满意　　□一般　　□不满意　　□非常不满意　　□特别不满意

8. 您认为当前国家所开展的环境教育中存在的最大问题是：

问题：

9. 您在提高国民环境教育的效果方面有什么好的建议？

建议：

　　以下是您的个人资料，它们是进行分类研究的依据，我们将严格为您保密，请放心填写。

10. 您的性别：□男　□女

11. 您的婚姻状况：□已婚　□未婚

12. 您的居住地：□国外　□港澳台　□　省/直辖市　　市（县）

13. 您的年龄（岁）：□＜18　□18～24　□25～34　□35～44　□45～54　□55～64　□≥65

14. 您的受教育程度：□小学　□初中　□高中及中专　□大专及本科　□研究生

15. 您的职业：□学生　□教师　□科技人员　□政府机关（事业单位）职工　□公司职员　□工人　□农民　□农民工　□个体商户　□离退休人员　其他（请填写）

16. 您的大概月收入（元）：□≤800　□801～1500　□1501～2500　□2501～3500　3501～5000　□＞5000

如方便，请留下您的 E-mail、QQ 或电话：_____

再次感谢您的合作！

参考文献

[1] [英] 艾沃·F. 古德森著，贺晓星等译. 环境教育的诞生. 上海：华东师范大学出版社，2001.

[2] 李久生. 环境教育的理论体系与实施案例研究. 南京：南京师范大学博士学位论文，2004.

[3] 赵中建. 全球教育发展的研究热点——90年代来自联合国教科文组织的报告. 北京：教育科学出版社，1999.

[4] 祝怀新. 环境教育论. 北京：中国环境科学出版社，2002.

[5] 国家环境保护局. 中国环境教育的理论与实践. 北京：中国环境科学出版社，1991.

[6] 中国21世纪议程——中国21世纪议程人口、环境与发展白皮书. 北京：中国环境科学出版社，1994.

[7] 陆静. 中学地理课程中的环境教育研究. 南京：南京师范大学博士学位论文，2006：8.

[8] 孙玉杰. 营造大环境，开拓全民思想道德教育机制新思路. 学习论坛，1999（7）.

[9] 李文明等. 国内国民环境教育机制再造初步研究——基于生态文明建设的背景. 中南林业科技大学学报（社会科学版），2010，4（1）.

[10] 吴志军，郑淑娟，李文明．国民环境教育机制再造初步研究——基于生态文明建设的视阈．江西科技师范学院学报，2012（4）．

[11] 江苏省启东市汇龙中学．构建环境教育可持续发展机制积极创建绿色学校．环境教育，2000（11）．

[12] 曹俊达，宋亚昌．努力构建学校环境教育可持续发展机制．环境导报，2003（14）．

[13] 邱占勇．试论大学生生态环境道德教育机制的构建．黑龙江高教研究，2004（4）．

[14] 张建春．中学环境教育可持续发展机制浅析——以江苏省启东市汇龙中学为例．环境教育，2006（6）．

[15] 将军．构建学校环境教育可持续发展机制．环境教育，2006（8）．

[16] 潘岳．论社会主义生态文明．绿叶，2006（10）．

[17] 李景文．森林生态学（第二版）．中国林业出版社，2005．

[18] 杨荣斌．区域旅游合作机制理论与案例探析．上海：上海师范大学出版社，2006．

[19] 孙儒泳等．基础生态学．北京：高等教育出版社，2002．

[20] 梁保国，乐禄祉．教育的生态文化透视．高等教育研究，1997（5）．

[21] 肖笃宁等．景观生态学．北京：科学出版社，2003．

[22] 吴增基，吴鹏森，苏振芳．现代社会学．上海：上海人民出版社（第二版），2001．

[23] Berger P., Luckmann T. The Social Construction of Reality: A Treatise in the Sociology of Knowledge. Garden City, NY: Anchor Books, 1966.

[24] 派恩，吉米摩著．夏业良等译．体验经济．北京：机械工业

出版社，2002．

［25］钟林生．国民规划原理与方法．北京：化学工业出版社，2003．

［26］李君轶，马耀峰．生态伦理观对我国旅游开发与规划影响初探．生态经济（学术版），2006（2）．

［27］杨冠政．环境伦理——环境教育的终极目标．环境教育，2004（3）．

［28］Knudson D. M., Ted T. Cable, Larry Beck. Interpretation of cultural and natural resources. State College, PA：Venture Publishing, Inc., 1995.

［29］Ryan C., Dewar K. Evaluating the communication process between interpreter and visitor. Tourism management, 1995, 16（4）.

［30］Freeman R. E. Strategie management：a stakeholder approach. Boston：Pitman, 1984.

［31］邓光玉．基于参与主体的我国森林国民管理研究．哈尔滨：东北林业大学博士学位论文，2007．

［32］Sward brooke. Sustainable tourism management. Washington. D. C.：CABI., 1999.

［33］蕾切尔·卡森著．寂静的春天．鲍冷艳译．北京：中国青年出版社，2015．

［34］蔡君．对美国LNT（Leave No Trace）游客教育项目的探讨．旅游学刊，2003，18（6）．

［35］拉夫·巴克利著．生态旅游案例研究．杨桂华，张志勇，徐永红译．天津：南开大学出版社，2004．

［36］孔石，邹红菲．我国自然保护区立法执法若干问题初探．野生动物，2001（1）．

［37］李亚妮．导游业务．北京：清华大学出版社，北京交通大学

出版社，2009.

[38] 卢云亭，王建军. 生态旅游学. 北京：旅游教育出版社，2001.

[39] 李文明，钟永德. 生态旅游环境教育. 北京：中国林业出版社，2010.

[40] Weaver D. Tourism and national parks in ecologically vulnerable areas. In: Bulter R. W., Boyd S. W. (eds) Tourism and National Parks: Issues and Implications. John Wiley & Sons, Chichester, 2000.

[41] 郝冰. 环保组织对中国学校环境教育的影响. 学会，2005（11）.

[42] 秦京午. 中国环保民间组织达3539家. 人民日报（海外版），2008-11-4-005.

[43] 张金良，王志诚. 秦岭保护区群开展社区环境教育的初步探讨. 林业与社会，2001（1）.

[44] Bricker Kelly S., Kerstetter Deborah L.. An interpretation of special place meanings whitewater recreationistattach to the South Fork of the American River. Tourism Geographies, 2002, 4（4）.

[45] Palmer Joy A. Environmental education in the 21st century. Routledge, London & New York, 1998.

[46] 亨格福德等. 中学环境教育课程模式. 北京：中国环境科学出版社，1991.

[47] Palmer Joy A. Environmental Thinking in the Early Year. Understanding and Misunderstanding of Concepts Relating to Waste-management. Environmental Education Research, 1995, 1（1）.

[48] 王献溥，崔国发. 自然保护建设与管理. 化学工业出版社，2003.

[49] 王长金. 传统家训的环境伦理教育. 北京林业大学学报

（社会科学版），2005，4（2）.

[50] Hendee John C., Stankey George H., Lucas Robert C., Wilderness management. 2nd ed. Golden, CO.: North American Press, 1990.

[51] 戴星翼等. 生态服务的价值实现. 北京：科学出版社，2005.

[52] 甘枝茂，马耀峰. 旅游资源与开发. 天津：南开大学出版社，2001.

[53] 陈水夏. 整合环境教育资源 形成环境教育特色. 环境教育，2008（7）.

[54] 毛振宾，曹志平，赵彩霞. 生态旅游与旅游生态学的研究进展. 环境保护，2002（2）.

[55] 符史杭，梁伟，王峻玉，叶芳云. 东寨港国家级自然保护区环境教育资源库简介. 考试周刊，2008（33）.

[56] Sarah L. Lehman. The built environment as a tool for environmental education. ASES Annual Conference, and the 26th National Passive Solar Conference, Washington, D. C., USA, 2001.

[57] 韩梅. 服饰文化与环境教育. 环境教育，2004（11）.

[58] 林宪生. 饮食文化视角的环境教育. 环境教育，2004（3）.

[59] Lynette Sibongile, Masuku Van Damme, Edgar Fulufhelo Neluvhalani. Indigeno – us knowledge in environmental education processes: perspectives on a growing research arena. Environmental Education Research, 2004, 3（10）: 231 – 237.

[60] Azelvandr, John Paul. Forging the bonds of sympathy: Spirituality, individualism and empiricism. In The ecological thought of Liberty Hyde Bailey and its implications for environmental education, New York University, 2001.

[61] Priska Ondrich. Environmental education through Mother Goddess worship. International Conference on Environmental Management (ICEM'05), 2006: 333-339.

[62] 郝珺. 以传统生态文化提升我国的环境教育. 南阳师范学院学报, 2006 (4).

[63] 王玮. 徽州宗族和谐伦理教育对当今旅游环境的影响. 度假旅游, 2007 (2).

[64] 倪天麒, 王伟. 城市环境容载力及其计量方法初探. 干旱区地理, 2000, 23 (4).

[65] 鞠强. 来一场中国式头脑风暴. 企业管理, 2003 (5).

[66] 吴增基, 吴鹏森, 苏振芳. 现代社会学. 上海: 上海人民出版社（第二版）, 2001.

[67] 陆军, 周安柱, 梅清豪. 市场调研. 北京: 电子工业出版社, 2003.

[68] 戎郁萍, 赵敏, 朱玲玲, 白可喻. 三种客观赋权法分析草地管理措施对土壤有机碳含量的影响. 生态学杂志, 2012, 31 (4).

[69] 周正柱, 汪祖柱, 孙明贵. 基于熵值修正 G1 法区域商务成本综合评价模型及实证研究. 云南财经大学学报, 2013 (1).

[70] 文首文. 游客教育税研究. 生态经济, 2008 (5).

后 记

本书的研究得到了教育部人文社科规划办公室和国家自然科学基金委员会所提供的研究资助以及江西财经大学旅游与城市管理学院所提供的研究支持；同时得到了江西省教育厅机关党校杜侦副校长、中南林业科技大学旅游学院院长钟永德教授（博士生导师）、《旅游学刊》编辑部的吴巧红主任、《中南林业科技大学学报》（社会科学版）编辑部的主编成凤明研究员（博士）、《江西科技师范大学学报》时红兵编辑等的大力支持；在专家调查过程中，得到了江西省生态学会、江西省环境保护教育宣传中心、江西省发展改革委员会、江西鄱阳湖国家级自然保护区管理局、共青团江西省委员会、江西师范大学环境教育中心、南昌大学环境教育中心、共青团江西财经大学委员会、江西财经大学生态文明与现代中国研究中心、江西财经大学的相关部门（包括学生工作处、教务处、后勤管理处、园林管理处、工会等）机构的专家、领导、同仁的热心支持；中国林业科学研究院罗芬博士后，江西财经大学旅游与城市管理学院研究生侯晓青、曹莉、刘海青以及本科生李勇、聂晨晖等同学在问卷的实施、调查和问卷的统计、分析中付出了艰苦的努力。在此，一并深表感谢！